„Im Kern des Taifuns wohnt ruhige Stille ..."

-aus „Mikrokosmos" v. Bunichirō Kawamura-

Kobayashi Issa (1763-1827)

Holzstatue im Besitz des Issa-Gedächtnismuseums in Shinano-machi Kashiwabara. Die Statue wurde im Jahre 1951 von Terase Mokuzan (1893 -) hergestellt. Aufnahme: Shinano Mainichi Shimbun.

Issa Kobayashi

HAIKU

Herausgegeben von Hachirō Sakanishi

Unter Mitarbeit
von Shōzō Miyawaki
und Horst Hammitzsch

Scherenschnitte von Kyōko Yanagisawa

Ostasien-Verlag

OAV zweisprachig
Reihe Japan. 1

CIP-Kurztitelaufnahme der Deutschen Bibliothek

Kobayashi, Issa:
Haiku / Issa Kobayashi. Hrsg. von Hachirō Sakanishi. Unter Mitarb. von Shōzō Miyawaki u. Horst Hammitzsch. Scherenschn. von Kyōko Yanagisawa. – 1. Aufl. – Berlin: Ostasien-Verlag, 1985.
  (OAV zweisprachig: Reihe Japan; 1)
  ISBN 3-89036-401-2

NE: OAV zweisprachig / Reihe Japan

VW: Kobayashi, Nobuyuki [Wirkl. Name] → Kobayashi, Issa

© 1981 Hachirō Sakanishi (Sapporo)
           Kyōko Yanagisawa (Nagano)
           Shinano Mainichi Shimbun (Nagano)

1. Auflage (Lizenzausgabe)
1985 Ostasien-Verlag GmbH.
      Tempelhofer Damm 4
      1000 Berlin 42

Auslieferung:
VVA, Postfach 7777, 4830 Gütersloh 100

Printed in the Federal Republic of Germany

Inhaltsverzeichnis

Hachirō Sakanishi: Bemerkungen zum Buch 4

Tsutomu Minakami: Ein Wort zu den Bildern 6

Shōzō Miyawaki: Statt eines japanischen Vorworts. Ein Blick auf Issas Leben und ein Wort zu seinem haikai-Stil 7

Horst Hammitzsch: Statt eines deutschen Vorworts. Kobayashi Issa, der stets die Heimat suchte 16

Chikuson Fujioka: Gedichte eines Heimatlosen 24

Thomas Immoos: Issa, der Teedichter 30

Abkürzung der Namen der Teilnehmer und Hinweis auf die Nachschöpfungen und die Übersetzungen 38

48 Haiku mit Übersetzung, Nachdichtungen, Anmerkung und Scherenschnitt 40

Kazuhiko Maruyama: Kleine Issa-Bibliothek für Japanologen 136

Karel Hellemans: Auswahlbibliographie zur haiku-Dichtung 145

Ichiju Mochizuki: Issa und die Shinano Mainichi Shimbun 151

Mitarbeiterverzeichnis 153

Hachirō Sakanishi: Nachwort des Herausgebers 157

Das iroha-Gedicht .... Rückseite des Umschlags

Bemerkungen zum Buch

Die Originaltexte der *haiku*, ausgenommen To ... und No..., werden nach der von der Gesellschaft für Erziehung von Shinano (*Shinano Kyōikukai*) herausgegebenen Gesamtausgabe der Werke Issas zitiert.

Shinano Kyōikukai, Hg.: Issa Zenshū (künftig: IGW), 8 Bde., 1 Ergänzungsband. Shinano Mainichi Shimbun, Nagano 1976-1980.

Die vor der Gesamtwerkzitierung aufgeführten Titel mit der Angabe der Ziffern im Klammer wie z.B. (Bunsei Kuchō 1822) oder (Shichiban nikki 1814) weisen auf die Schriften und ihr Anordnungsjahr hin, in denen das jeweilige *haiku* erstmals aufgenommen wurde. Dieses Anordnungsjahr stimmt nicht immer mit dem Entstehungsjahr des *haiku* überein.

In der Transkription der *haiku* kursiv gedruckte Wörter sind Jahreszeitwörter (*kigo*), die das *haiku* in den Jahresablauf einordnen. Ihre jahreszeitliche Bindung wird hinter dem Transkriptionstext angegeben mit (F) für Frühling, (S) für Sommer, (H) für Herbst und (W) für Winter. Aus der Arbeit von Takao Okamoto stammten die ersten Transkriptionen, die dann von Horst Hammitzsch nach dem in der westlichen Japanologie gebräuchlichen Hepburn-System umgeschrieben wurden.

Die Formulierungsarbeit der Kommentare zu den *haiku* und den Bildern wurde gemeinschaftlich von Sakanishi und Hammitzsch durchgeführt, dabei stand auf japanischer Seite Shōzō Miyawaki der Sakanishischen Arbeit zur Seite. In den Kommentaren oder teilweise an ihrer Stelle sind je ein oder zwei *haiku* angegeben, die das Thema in einem bestimmten Sinne unterstützen sollen. Die Auswahl dieser *haiku* traf Hachirō Sakanishi, während Horst Hammitzsch ihnen ihre deutsche Fassung gab. (Auch den im Vorwort von Shōzō Miyawaki und im Essay von Chikuson Fujioka zitierten *haiku* wurde endgültig von Horst Hammitzsch ihre deutsche Fassung gegeben.)

Die 48 Erstfassungen der *haiku* auf den rechten Seiten sind die von Hammitzsch verfassten Übersetzungen der Originaltexte, während die anderen drei Fassungen die aufgrund der von japanischer Seite angebotenen Materialien entstandenen Nachschöpfungen sind. An der schwereren Vorarbeit der Gestaltung dieser Materialien waren Schwester Liboria Albers, Takao Okamoto und Rainer Blesch dankenswerterweise beteiligt; Frau Shūko Satō nahm später ebenfalls an dieser Arbeit teil. Bei der Gestaltung der Nachschöpfungen wurden vielfache Diskussionen zwischen dem Herausgeber und den Dichtern geführt. Ein Bericht über die journalistische publizistische Rolle der Shinano Mainichi Shimbun wurde im Auftrag von der Zeitung von Ichiju Mochizuki übersetzt (sieh. S.151).

Die hinter den Übersetzungen oder Nachschöpfungen angegebenen Siegel weisen auf ihre Verfasser hin (vgl. Abkürzung der Namen der Teilnehmer und Hinweis auf diese: S. 38 u. 39).

Die *haiku* sind nach dem System der *iroha*-Spielkarten, die von Frau Yanagisawa geschaffen wurden, angeordnet. Reiht man die erste Silbe eines jeden *haiku* aneinander, so ergibt sich eine Silbenkombination, die das *iroha*-Gedicht bildet (s. Rückseite des Umschlags).

Hachirō Sakanishi

Ein Wort zu den Bildern

Tsutomu Minakami

Ich freue mich darüber, daß der Herausgeber zur Bebilderung des Bandes die *iroha*-Spielkarten von Frau Kyōko Yanagisawa ausgewählt hat. Frau Yanagisawa, selbst seßhaft in Nagano, ist mit der Heimat Issas wohlvertraut, sie kennt die Landschaft und die Menschen, die in ihr leben. Sie versteht es, in ihren Bildern die Welt der Issaschen *haiku* einzufangen. Die Bilder spiegeln die kindliche Naivität des Dichters, die vom harten Klima des Landes bestimmte Atmosphäre, aber auch die Schönheit der kleinen, oft unbedeutenden Dinge wider. Es ist sicherlich ihre eigene Geisteshaltung, ihre Freude am Märchenhaft-Einfachen bei ihrer schöpferischen Tätigkeit, die sie dazu führten, Issa, diesen ungewöhnlichen Menschen, auf seinem Weg zu begleiten.

Die Grundregel des *haiku*, prägnant und einfach zu sein, gilt auch für den Scherenschnitt. In ihren Scherenschnitten erfaßt Frau Yanagisawa in original-origineller Weise Issas *haiku*-Welt und vergegenwärtigt sie in einer Form, welche die Tuschmalerei nicht erreichen kann. Die Bilder mögen mithelfen, hinzuführen zur geistigen Tiefe Issas, der nunmehr auch in den deutschsprachigen Ländern sich einer zunehmenden Beliebtheit erfreut. Sie mögen mithelfen, in diese Tiefe, in der menschliches Leid und ein Unbekümmertsein dem Schicksal gegenüber im engen Miteinander existieren, einzudringen. Wenn ich ihre Bilder betrachte, so habe ich das Gefühl, die Issaschen *haiku* kommen mir entgegen.

Tōkyō, im Februar 1981

Statt eines japanischen Vorworts

≫ Ein Blick auf Issas Leben und ein Wort zu seinem *haikai*-Stil ≪

Shōzō Miyawaki

Kobayashi Issa, im Mai 1763 in Kashiwabara, einer der nördlchsten Poststationen in Shinano-Gebiet (heute Präfektur Nagano), geboren, begab sich im Alter von 15 Jahren nach Edo (heute Tōkyō), dem politischen und kulturellen Zentrum der damaligen feudalistischen Gesellschaft Japans.

Nach der uns noch unbekannten zehnjährigen Zeitspanne, die er irgendwo verbrachte, trat er dann in *haikai*- (*haiku*- und *renku*-) Kreisen auf und produzierte, bis er im November 1827 in seinem 65. Lebensjahr verstarb. Er hinterließ ein Werk von großem Umfang. Uns blieben davon erhalten: etwa 20000 *hokku* (: *haiku*), 180 *renku*-Reihen, über 440 *haikai-ka* (humoristische *waka*), etwa 130 *haibun* (: *haikai*-Prosa) und das daraus entstandene dreibändige Werk, das er selbst auswählte.

Sein Leben als *haijin* kann man in sechs Epochen einteilen.

1. 1787–1790: Mit 25 Jahren fing seine sogenannte Lehrlingsausbildung an. Er begann, sich mit dem *haiku* zu beschäftigen, schloß sich der literarischen

Richtung der Katsushika-ha an, die der Bashō (1644–1694) -Schule unterzuordnen ist. Außerdem war er Schüler bei den *haikai*-Meistern Chikua (?–1790), Gemmu (?–1800) und Somaru (1713–1790).

2. 1791–1798: Diese Jahre kann man als seine dichterischen Wanderjahre bezeichnen. Er war sieben Jahre auf Reise, wobei er in den Gebieten von Kansai, Shikoku und Kyūshū verschiedene *haijin* besuchte, um von ihnen zu lernen.

3. 1799– etwa 1806: Er kehrte wieder nach Edo zurück. Aufgrund seiner großen Armut bemühte er sich, ein anerkannter *haijin* zu werden. In dieser Zeit schuf er sein *Chichi no shuen nikki* (Tagebuch beim Tode des Vaters). Dieses Werk ist ein Stück naturalistischer Beschreibung, zu dem man in der japanischen Literaturgeschichte keinen Vorläufer finden dürfte.

4. 1806– etwa 1812: Nach wie vor lebte er zwar in Edo, dachte aber sehr oft daran, in seine Heimat zurückzukehren. Er verzichtete schließlich darauf, als Meister eine eigene haiku-Schule in Edo zu gründen, und wollte lieber in seiner Heimat seßhaft werden. Dort mußte er jedoch mit seinem Stiefbruder über das bescheidene Erbe seines Vaters einen langdauernden Rechtsstreit führen. Seine Heimat Kashiwabara wurde aber schließlich das Zentrum seiner Issa-Schule. Unter dem Einfluß dieser seiner Schule entstanden im Shinano-Gebiet bald eine Reihe von *haiku*-Gesellschaften. Eine seiner größten *haiku*-Sammlungen, nämlich, das *Shichiban nikki* (Siebtes Tagebuch), umfaßt die Zeit von 1810 bis 1818. Zusammen mit der folgenden fünften Epoche erreicht er in diesen Jahren den Gipfel seiner schöpferischen Tätigkeit.

5. 1813–1819: Erst in dieser Zeit konnte er heiraten und eine Familie

gründen. Auf der zwar auch weiterhin bescheidenen, aber trotzdem relativ sicheren Lebensgrundlage konnte er nun zur fruchtbarsten Tätigkeit in seinem ganzen Leben gelangen. In dieser Zeit wurden die entscheidenden Merkmale seines Stils geprägt.

6. 1820–1827: Während dieser Jahre entstand das *Bunsei Kuchō* (1822–1825; *haiku*-Heft der Bunsei-Jahre), in dem deutlich wurde, daß seine aktive schöpferische Fähigkeit erhalten geblieben war. Mit den Schöpfungen der vorhergehenden Epoche verglichen, spürt man in diesem Heft jedoch deutlich seine durch das Alter bedingte Zurückhaltung im lyrischen Stil. Qualitative Veränderungen, wie sie sich in früheren Epochen zeigten, kann man jetzt nicht mehr feststellen.

Die ästhetische Eigenart der Issaschen *haiku*, die im allgemeinen als *Issa-cho* Issa-Ton bekannt ist, will ich hier an einigen Beispielen zeigen.

Besondere Kennzeichen dieses „Tons" sind: Häufige Verwendung von Slang, Mundart und Umgangssprache*, sodann ein bevorzugter Gebrauch von Onomatopöien**, von mimischen Ausdrücken*** und auch die häufige Wiederholung eines Wortes**;*** in einer Gedichteinheit.

Jiguruma ni	Vom schweren Wagen
oppishigareshi*	wurde es niedergewalzt,
sumire kana.[1]	das kleine Veilchen.

---

[1] 地車（ぢぐるま）におっぴしがれし菫哉
〔全集第2巻204頁・文化句帖・文化元年3月, 1804年: Bunka Kuchō 1804, in: IGW Bd.2, S.204〕 *宮脇昌三氏による読み方の指示を（ ）に示す，以下同じ。

Nonosama* ni
shiri tsunmukete*
naku kaeru.²⁾

Der Buddhagottheit
seinen Hintern zuwendend,
so quakt er, der Frosch.

Zaburi zaburi
zaburi** amefuru
kareno kana.³⁾

Platternd und platschend,
so rauscht der Regen auf sie,
die kahlen Felder.

Umasō na
yuki ya fūwari
fūwari*** to.⁴⁾

Köstlich seh'n sie aus,
die Schneeflocken - wie sie so
sanft, leicht hinschweben.

Ein weiteres Kennzeichen seines Stils ist die besondere Vorliebe für solche *haiku*, in denen er sein Gefühl über seine Lebensverhältnisse direkt zum Ausdruck bringen kann. Während Bashō sein Leben und seine Lebensverhältnisse als Gegenstand der Kunst und des Geschmacks gestaltete, das heißt: sein Leben im *haiku* ästhetisch objektivierte, versuchte Issa dagegen den Menschen in seinen alltäglichen Verhältnissen, so wie er ist, im *haiku* darzustellen.

Noch immer lebend,
am Leben geblieben -
oh, die Herbstkälte.⁵⁾

---

2) のゝ様に尻つんむけて鳴蛙
　　（全集第3巻410頁・七番日記・文化13年2月、1816年: Shichiban nikki 1816, in: IGW Bd.3, S.410）

3) ざぶりざぶりざぶり雨ふるかれの哉
　　（全集第2巻147頁・享和句帖・享和3年10月、1803年: Kyōwa Kuchō 1803, in: IGW Bd.4, S.147；原句縦書にて「秋ぶり〵〵…」)

4) むまさうな雪がふうはりふはり哉
　　（全集第3巻277頁・七番日記・文化10年閏11月、1813年: Shichiban nikki 1813, in: IGW Bd.3, S.277 „Umasō na..." stützt sich auf das Miyawakische Manuskript）

5) 生き残り生き残りたる寒かな
　　（全集第6巻33頁・我春集・文化8年、1811年: Wagaharushū 1811, in: IGW Bd.6, S.33；原書縦書にて「生き残〵…」) *本書38頁参照。

Die magren Rippen
will ich nicht reiben, aber -
so kalt die Herbstnacht.[6]

Während seiner Edo-Zeit litt er unter großer materieller Not. Diese bot für seine Dichtung „reichhaltigen" Stoff.

Der Wind des Herbstes!
Ein Bettler, er blickt mich an,
vergleicht sich mit mir.[7]

Schwalbe am Abend -
mir aber fehlt für morgen
jedwede Hoffnung.[8]

Aufgrund seiner eigenen Lage entwickelte er eine große Sympathie für die verachteten Schwachen und Unglücklichen.

Frostkahl ist alles!
Den Pfannenruß fegt sie weg,
die kleine Hure.[9]

---

6) あばら骨なでじとすれど夜寒哉
　　　（全集第3巻・257頁・七番日記・文化10年8月, 1813年: Shichiban nikki 1813, in: IGW Bd.3 S.257）
7) 秋の風乞食は我を見くらぶる
　　　（全集第2巻226頁・文化句帖・文化元年7月, 1804年: Bunka Kuchō 1804, in: IGW Bd.2, S.226）
8) 夕燕我には翌（あす）のあてはなき
　　　（全集第2巻397頁・文化句帖・文化4年2月, 1804年: Bunka Kuchō in: IGW Bd.2, S.397）
9) 霜がれや鍋の炭〈:墨〉かく小傾城（こけいせい）
　　　（全集第4巻225頁・風間本八番日記・文政4年12月, 1821年: Kazamabon Hachiban nikki 1821, in: IGW Bd.4, S.225）
　　　＊原書におけるルビを〈:墨〉のごとく示す, 宮脇昌三氏の御指示にて以下に一部の複雑なる原書ルビを省略する。

Dargestellt wird die Notlage einer Frau aus Echigo-Gebiet, die hausieren gehen muß, um den Lebensunterhalt zu verdienen.

Weizenherbst ist es!
Sie, ihr Kind auf dem Rücken,
hausiert mit Sardinen.[10]

Sein Interesse für die Welt der Kinder, sein Mitgefühl und seine Barmherzigkeit gegenüber kleinen Tieren beruht auf der gleichen geistigen Haltung. Besonders fand die Illusionswelt des Kinderliedes und -märchens in seine *haiku* Eingang.

Dahin schmilzt der Schnee,
das ganze Dorf ist voll, voll
von der Kinder Schar.[11]

Den runden Mond,
nimm ihn doch, gib mir ihn her,
so weinte das Kind.[12]

Du magres Fröschlein,
laß dich nicht unterkriegen!
Issa ist ja hier.[13]

---

10) 麦秋(むぎあき)や子を負ながらいは(：わ)し売
〔全集第6巻140頁・おらが春・文政2年, 1819年; Oragaharu 1819, in: IGW Bd.6, S.140〕

11) 雪とけて村一ぱいの子ども哉
〔全集第3巻285頁・七番日記・文化11年正月, 1814年; Shichiban nikki 1814, in: IGW Bd.3, S.285〕

12) あの月をとってくれろと泣子哉
〔全集第3巻255頁・七番日記・文化10年8月, 1813年; Shichiban nikki 1813, in: IGW Bd.3, S.255; 本書116頁参照〕

13) 痩蛙負けるな一茶これにあり
〔本書94頁参照〕

Du Spatzenkindlein,
aus dem Weg da, aus dem Weg!
Ein Pferd kommt vorbei.[14]

Seit den kritischen Betrachtungen von Masaoka Shiki (1867-1902), der für eine Erneuerung der *haiku*-Dichtung eintrat, wurde Scherz und Humor als immanenter Charakter von Issas *haiku* angesehen. Seine ironische Tendenz und seine epigrammatische Ausdrucksweise lassen diese Charakteristika allerorten aufleuchten.

Die Kirschen blühen!
In der irdisch-gierig Welt
in einer Ecke ...[15]

Vorm Abend-Fuji
Hintern an Hintern gereiht,
quaken die Frösche.[16]

Lang, lang ausgestreckt
die Füße und vor ihnen -
ein Wolkengipfel.[17]

Daß er aus dem Bauernstand stammte, daß er sich nie bis zur Selbstaufgabe der Urbanität Edos beugte, daß er schließlich den feinen Geschmack, die Eleganz

---

14) 雀の子そこのけそこのけお馬が通る
    〔本書130頁参照〕
15) 花さくや欲のうき世の片隅に
    〔全集第3巻32頁・七番日記・文化7年2月, 1810年: Shichiban nikki 1810, in: IGW : Bd.3, S.32〕
16) 夕不二に尻を並べてなく蛙
    〔全集第3巻149頁・七番日記・文化9年2月, 1812年: Shichiban nikki 1812, in: IGW : Bd.3, S.149〕
17) 投出した足の先也雲の峰
    〔全集第3巻247頁・七番日記・文化10年6月, 1813年: Shichiban nikki, in: IGW : Bd.3, S.247〕

im Gedicht durch eine praktisch-weltliche Stimmung ironisierte und dadurch natürlich auch wohl absichtlich die Aufmerksamkeit auf sich ziehen wollte, das alles gab seinen *haiku* den besonderen Stil und Ausdruck.

Auf dem Berg ein Feld!
Selbst das Weiß des Buchweizens
läßt mich erschaudern.[18]

So wie es sein muß,
kalt, nichts anders als kalt ist's -
erster Herbstregen.[19]

Für eine Suppe
als Einlage ist sie erblüht,
die Chrysantheme.[20]

Da er sich nicht direkt mit der materiellen bäuerlichen Produktion beschäftigte, entstand bei ihm oft ein Schuldgefühl und die Skepsis, ob er nicht etwa auch zu den städtischen Müßiggängern gehörte. Allerdings kann dies als ein Zeugnis dafür bewertet werden, daß er ein echter Bauerndichter war.

---

18) 山畠やそばの白さもぞつとする
〔全集第4巻511頁・文政句帖・文政7年11月, 1824年; Bunsei Kuchō 1824, in: IGW Bd.4, S.511〕

19) 有様(ありやう)は寒いばかりぞはつ時雨
〔全集第3巻193頁・七番日記・文化9年10月, 1812年; Shichiban nikki 1812, in: IGW Bd.3, S193〕

20) 汁のみの足(たし)に咲けり菊の花
〔全集第4巻185頁・風間本八番日記・文政4年8月, 1821年; Kazamabon Hachiban nikki 1821, in: IGW Bd.4, S.185〕

Auch in diesem Jahr
blieb ich nur ein Taugenichts -
unterm Dach aus Stroh.[21]

Der Müßiggänger,
unter der Kirsche Blüten
lebt er so dahin.[22]

Komagane, im Januar 1980

---

21) 又ことし娑婆塞(しゃばふさげ)ぞよ草の家
〔全集第2巻331頁・文化句帖・文化3年1月, 1806年: Bunka Kuchō 1806, in: IGW Bd.2, S.331〕

22) 穀つぶし桜の下にくらしけり
〔全集第2巻340頁・文化句帖・文化3年3月, 1806年: Bunka Kuchō 1806, in: IGW Bd.2, S.340〕

Statt eines deutschen Vorworts

≫ Kobayashi Issa, der stets die Heimat suchte ≪

Horst Hammitzsch

Tsuyu no yo wa	Vergängliche Welt,
tsuyu no yo nagara	tautropfengleich vergeht sie -
sarinagara[23]	sei's auch so, dennoch ...

Dieses *haiku* finden wir in dem Tagebuch *Ora ga haru* (Mein Frühlingsneujahr), das Issa im Verlauf des zweiten Jahres der Bunsei-Ära (1819) verfaßte. Und hinter diesem *haiku* zeigt sich der Urgrund seiner Lebenshaltung, einer Lebenshaltung, die um die Unbeständigkeit alles Irdischen weiß, diese begreift und nicht dagegen ankämpft, sondern sich in den Wechsel von Werden und Vergehen einfügt. Dieses Sich-Fügen in das Unvermeidbare, dieses Wissen um das Eingeschlossensein in jenen ewigen Kreislauf eines Werdens, Reifens und Vergehens, dem alles Existente, Mensch, Tier, Pflanze, unterworfen ist, klingt in seinem *haikai* immer wieder auf ; es gibt - so könnte man sagen - den Grundakkord seines dichterischen Schaffens.

---

23) 露の世は露の世ながらさりながら
〔全集第6巻150頁・おらが春・文政2年，1819年: Oragaharu 1819, in: IGW Bd.6, S.151〕

Wenn man sich mit der *haikai*-Dichtung beschäftigt, führt der Weg unweigerlich von dem ersten Großmeister Matsuo Bashō über Yosa Buson zu Kobayashi Issa. Bashō (1644-1694) war es, der dem *haikai* in der literarischen Welt Japans seine eigene Stellung gab. Was Bashō unter einem guten *haiku* verstand, das haben seine Schüler in den verschiedenen Schriften zur Poetik des *haikai* (*hairon*) festgehalten. Dort wird herausgestellt, was den eigentlichen Bashō-Stil (*Shōfū*) ausmacht. Hier soll nur kurz die Grundidee angesprochen werden, wie wir sie durch die Aufzeichnungen und Aussagen seiner Schüler Mukai Kyorai, Morikawa Kyoroku, Hattori Dohō, Kagami Shikō und andere kennen. Für Bashō galt als wesentlicher Grundbegriff seiner dichterischen Aussage, seines Stils „das für tausend Jahre Unveränderliche ; die zeitbedingte Wandlung" (*senzai fueki ; ichiji ryūkō*). Das für alle Zeiten Unveränderliche (*fueki*) weist auf das zeitbeständige, unwandelbare Moment im *haikai* hin, das Wesen und Seele der Dinge enthüllt. Der zeitbedingte Wandel (*ryūkō*) aber greift das für eine Zeit allein Gültige, das Originell-Neue auf, damit das *haikai* nicht erstarrt und in seiner Entwicklung gehemmt wird. Beide Momente sind wesentlich und wirken trotz ihrer scheinbaren Gegensätzlichkeit zusammen.

Das Festhalten eines Erlebens, dessen Wesenskern gestern, heute und morgen der gleiche ist, wird in der Aussageform verschieden sein. Ein Mensch vergangener Jahre wird ein solches Erleben anders darstellen als ein Mensch unserer Zeit. Hier wird der Stil, die Aussageform, des jeweiligen *haikai* geformt. Seinen Gehalt aber bestimmt das Erleben. Das wahre Erleben muß eine urplötzliche und überdeutliche Erkenntnis vermitteln, die eine Allgemeingültigkeit besitzt.

Diese Erkenntnis - sie ist ein „Erfühlen" und „Begreifen" zugleich - springt dann auf, wenn der Dichter dem Erleben unverhaftet gegenübersteht (*mushin, muga*), sein Selbst aufgegeben hat. So erst erhält die Aussage Beständigkeit, denn sie hat das Letzte vom Sein der Dinge erfaßt. Und für den Dichter entsteht kein Problem der Formulierung seiner Aussage mehr; sie bietet sich von selbst in rechter Form und Farbe an. Erreicht er dies nicht, entsteht ein Machwerk, das im Selbst ruht.

Taoistische und zenbuddhistische Gedanken werden hier deutlich. Die *haikai* eines Bashō sind einem Tuschbild (*sumi'e*) vergleichbar; auch bei einem solchen muß von allem Anfang an die Aussage unveränderlich feststehen, Erscheinungen und Empfindungen müssen so wiedergegeben werden, wie man sie „begreift", also fern einer jeden Künstelei.

Das *haikai* ist eine bestimmte Form der Dichtung, somit gibt es für das *haikai* - wie auch für jede andere dichterische Form - selbstverständlich Regeln, die Grundsätzliches festhalten. Der echte *haikai*-Mensch (*haijin*) bleibt aber den Regeln nicht absolut verhaftet. Das würde ihn einengen. Aber er verachtet sie auch nicht einfach, um der Gefahr einem Irrweg zu folgen, zu entgehen.

Nach dem Tode von Bashō währte es nicht allzulang, daß seine Schule einen deutlichen Verfall zeigte. Taniguchi Yosa Buson (1716-1783), Maler und Dichter zugleich, war es, der dem *haikai* seine Wiedergeburt unter der Devise „Zurück zu Bashō" sicherte. Er war führend in den Jahren der An'ei und Temmei-Ära (1771-1780; 1781-1788) und seine *haikai*-Prosa (*haibun*), die er anläßlich der Wiedererrichtung der Bashō-Klause auf dem Grund des Kimpuku-Tempels in Kyōto verfaßte, das *Rakutō Bashōan saikōki* (Bericht über den Wiederaufbau der Bashō-Klause in Kyōto) zeigt seine enge Bindung an Bashō. Buson erreichte in seinem *haikai* nicht die Tiefe eines Bashō, aber seine *haiku* zeichnen - wie auch seine Malerei - einfach-klare, skizzenhaft mit teils feinen, teils kräftigen Akzenten versehene Bilder. Ein ausgezeichnetes Beispiel des Zusammenspiels seiner beiden Talente, der Malerei und der Dichtung, zeigt seine im *haikai*-Stil (*haiga*) gemalte Bilderrolle über Bashōs Wanderfahrt nach dem Norden (*Oku no hosomichi*).

Eine erneute Verflachung erlebte das *haikai* nach dem Tod Busons, um dann durch das Wirken des Kobayashi Issa (1763-1827) wieder aufzublühen. Er wurde als Bauernsohn in dem Flecken Kashiwabara im Kreise Kami-Minochi der alten Provinz Shinano (heute: Nagano-Präfektur) geboren, einer bescheidenen Poststation an der alten Hokkoku-Straße, die von Oiwake nach Norden, nach Naoetsu führte. Die Landschaft seiner Heimat war karg und rauh; im Winter herrschte Kälte und hoher Schnee ließ nicht selten den Verkehr mit der Außenwelt abbrechen. Die Menschen seiner Heimat waren einfache und bescheidene Leute, so auch seine Familie. Und die Verhältnisse innerhalb seiner Familie sorgten dafür, daß sein eigenes Leben nicht immer leidlos verlief. Und doch zog es ihn, auch wenn er Jahre in Edo (Tōkyō), der damaligen Shōgunats-Hauptstadt und Jahre auf Wanderfahrten, die ihn weit in Japan herumführten, verbrachte, immer wieder in die Heimat zurück. Nur hier fühlte er sich wirklich geborgen und trotz seiner Armut glücklich, hier war er unter Menschen, welche das Leben in seiner Art lebten. Wie sehr sein Herkommen und seine Umwelt sein *haikai* prägten, das zeigen seine verschiedenen Tagebücher in aller Deutlichkeit.

So wie man von einem Bashō- und einem Buson-Stil spricht, so kann man auch von einem Issa-Stil (*Issa-chō* : Issa-Weise) sprechen, denn seine *haikai*-Dichtung zeigt gegenüber dem *haikai* eines Bashō oder eines Buson eine ihm in Gehalt und Aussageform eigene Gestaltung. Er bleibt selbstverständlich den *haikai*-Grundregeln verbunden, nimmt aber doch bestimmte Eigenwilligkeiten für sich in Anspruch, sei es bei der Wahl der Themen, sei es bei ihrer sprachlichen Formulierung; seine Wortwahl ist weit gefächert und nutzt gern kräftige Ausdrücke bäuerlicher Alltagssprache und Dialektwendungen, nutzt all das, was ihm herkunftsmäßig zu eigen und aus diesem Grunde lebensnah ist. Und gerade das gibt seinen Dichtungen eine seltene Frische und Spontanität, da sie dem unmittelbaren Erleben entspringen.

Er bindet in sein *haikai* weniger die zenbuddhistische Tiefe noch die hohen Forderungen eines Bashō ein, im Gegenteil, er folgt einfach seinem feinen Gespür für die Komik oder Dramatik einer Situation. Dabei sieht er dennoch stets das Schöne, das sich dem Sehenden in allen Regungen des Lebens zeigt. Er ist und bleibt ein in diese irdische, wechselvolle Welt eingebundener Mensch. Dieses „Menschsein" aber ist es, was seinem *haikai* diese eigenartige Tiefe und die dem Auf und Ab des Alltagslebens entsprungene Aussagekraft gibt, was sein *haikai* so liebenswert macht.

Das Geschehen seiner Zeit berührt ihn wenig, denn seine Welt ist eine andere als die seiner Zeitgenossen in den Städten. Seine Welt ist und bleibt seine Heimat, ihre Natur und die in ihr lebenden Menschen. Er lebt mit dem Schönen und Guten, er lebt auch mit dem Häßlichen und Schlechten. Er weiß um die menschlichen Schwächen anderer und um die eigenen. Er besitzt all die Eigenschaften, die Menschen nun einmal besitzen, und ist sich ihrer bewußt. Hinzu kommt eine Herzensfrömmigkeit, die weder fragt, noch zweifelt, sondern einfach glaubt. Issa vertraut der Kraft dessen, der ihn erlösen wird, der Hilfe Buddhas. Das letzte *haiku* in seinem *Ora ga haru* zeigt so ganz den gläubigen Issa:

To mo kaku mo	Sei es, wie es sei,
Anata makase no	Dir vertraue ich mich an
toshi no kure[24]	am Jahresende.

Issa ist und bleibt Mensch. Er kennt Zu- und Abneigungen, Freude und Kummer, Not und Bedrängnis, er weiß aber auch, daß sich so manches in Lachen auflösen kann, auch in einem Lachen über sich selbt. Sein Humor - er kann sehr oft drastisch und derb sein - spiegelt Ironie, ja auch Selbstironie, doch ist er niemals ein Sich-Lustigmachen, niemals verletzend. Er zwingt nicht zu einem maliziösen Lächeln, sondern er fordert ein offenherziges Lachen heraus. Auch sein Humor hat seine Wurzeln in einem aufrichtigen „Mit-Fühlen" und „Mit-Leiden". Es ist eine fast kindliche Naivität, eine vom Herzen kommende Einfalt, die ihn die Dinge und die Situationen so spontan erleben läßt, dem Augenblick

---

24) ともかくもあなた任せのとしの暮

(全集第6巻157頁・おらが春・文政2年, 1819年: Oragaharu 1819, in: IGW Bd.6, S.157)

des Erlebens verhaftet, ohne jedwede Reflektion.

Das Mit-Fühlen und Mit-Leiden ist der Wesenskern seines *haikai*-Schaffens. In diesem Sinne steht er als *haikai*-Dichter einem Bashō nicht nach, und in diesem Sinne besitzen auch seine *haikai* ein Moment, daß sie allgemeingültig macht. Auch sie haben Werte, die man als etwas für alle Zeiten Unveränderliches (*fueki*) bezeichnen darf.

Ich begrüße das Wagnis von Herrn Professor Sakanishi, einmal den Versuch zu machen, 48 *haiku* von Issa nur anhand von gegebenen Inhaltsangaben in deutscher Nachdichtung herauszugeben. Das ist eine wahrhaft interessante Aufgabe, die viel Einfühlung verlangt, wenn es nicht nur simple Dreizeiler bleiben sollen!

Da ich mich selbst viele Jahre mit der *haikai*-Dichtung und ihrer Poetik (*hairon*) befaßt habe, rückt hier für mich allerdings die Frage in den Vordergrund, wie ein sprachunkundiger Nachdichter den einem *haikai* nun einmal immanenten Charakteristika - der Japaner erfaßt sie zumeist intuitiv - gerecht werden kann. Ich denke hier zum Beispiel an die - teilweise versteckten - Jahreszeitwörter (*kigo*), an die Verwendung der verschiedenen *kireji* wie *ya*, *kana*, *koso*, die Schlußformen (*shūshikei*) der Verben und Hilfsverben, die ein *haiku* unterteilen und somit wichtige Akzente setzen; die Mittel sind, den eigentlichen Nachklang (*yoin*) auszulösen. So wie in der Tuschmalerei (*sumi'e*) der weiße, leere Raum (*yohaku*) dem Bild keine Grenze setzt, so besitzt auch das *haiku* im Nachklang einen solchen leeren Raum, in dem es weiter klingt. Der Gelehrte Nose Asaji spricht in diesem Zusammenhange geradezu von dem „weißen leeren Raum ohne

Worte" (*mugon no kūhaku*). Die *kireji* sind es, die bestimmte Aussagen eines *haiku* betonen, ihnen von anderen Abstand geben, ein Gefühl bewußt akzentuieren oder eine besinnliche Pause anmahnen. Daneben gibt es eine ganze Reihe weiterer Schwierigkeiten, wenn in einem *haiku* Übernommenes aus anderen Gedichten versteckt ist oder es sich auf ein ganz bestimmtes Brauchtum stützt. Problemlos werden wahrscheinlich die Nachschöpfungen nicht bleiben, aber sie haben dennoch ihren Wert allein schon darin, daß sie sich mit einem bedeutenden japanischen *haikai*-Dichter befassen, der auch den nachsinnenden Menschen unserer Zeit so manches zu sagen hat.

Enniger Wessenhorst

Bokugyūsha, im Kisaragi 1980

牧牛舎，如月 1980

Gedichte eines Heimatlosen

Chikuson Fujioka

Als in Japan das feudalistische Zeitalter sich seinem Ende zuneigte, geriet auch das bisher recht aktive kulturelle Leben zum Stillstand. Auf fast allen Gebieten machten sich Erschlaffungserscheinungen bemerkbar. In dieser so geprägten Epoche war Kobayashi Issa (1763-1827) als *haiku*-Dichter (*haijin*) tätig. Auch er mußte, wie auch andere bedeutende Meister, unter der herrschenden Tendenz dieser Zeit leiden und blieb keine Ausnahme.

Masaoka Shiki (1867-1902), der sich nach der Öffnung Japans in den 70er Jahren des 19. Jahrhunderts besonders aktiv um eine Erneuerung des Kurzgedichts (*haiku*) bemühte, kritisierte in seiner Schrift *Haikai-taiyō* (1899) diese Art der Dichtung und hielt fest, daß die *haiku*-Dichtung nach der Tempō-Ära (1830-1843) in den meisten Fällen alltäglich und abgedroschen und somit schwer zu ertragen sei. Er charakterisierte sie als *tsukinami*, als gewöhnlich und konventional. Die Kurzgedichte blieben nach der Meinung von Shiki seicht, lenken das Interesse des Lesers nur auf das Alltäglich-Gewöhnliche und sind nicht in der Lage, ein tiefes Mitfühlen zu erwecken. Der *tsukinami*-Stil vermag ein echtes menschliches Rühren nicht auszulösen, auch wenn in den Formulierungen oft die Personifizierung zu finden ist, hat diese doch nur eine unmittelbare Wirkung in der Zielsetzung. Eine ästhetische Haltung des Japaners, nämlich die Hingabe an die Naturschönheit mit dem Wunsch, sich von den alltäglichen Verwicklungen des Lebens zu befreien, bezeichnet man als *fūryū*. Unter den *haiku*, die dem *tsukinami*-Stil zuzuzählen sind, gibt es zahlreiche, die von solchen Dichtern niedergeschrieben wurden, die nur nach außen hin als *fūryū*-Dichter lebten - also keine *haijin* im echten Sinne des Wortes waren.

Issa verlor schon in seiner frühen Kindheit seine Mutter und wurde von seiner Stiefmutter, die ihm keine Liebe entgegenbrachte, aufgezogen. Sein Vater ließ ihn aus diesem Grunde nach Edo (Tōkyō) gehen. Von dort aus begann er sehr bald ein Wanderleben, das ihn über 30 Jahre lang, auch wenn er von Zeit zu Zeit nach Edo zurückkehrte, in viele Orte Japans, gelegentlich auch in seine Heimat Kashiwabara führte. Bereits über fünfzig Jahre alt kehrte er schließlich in seine Heimat zurück und heiratete. Sein Leben aber blieb glücklos, denn seine geliebten Kinder starben aufgrund seiner ärmlichen Lebensverhältnisse nacheinander. Seine *haiku*-Dichtung wird von dem Unglück seiner Lebenslage geprägt. Hier fand sein dichterisches Schaffen immer wieder Motive, die sich mit der *tsukinami*-Konzeption leicht zu einem *haiku* gestalten ließen. Sein Schmerz über die fehlende Mutterliebe spiegelt sich im dem Motiv - um ein Beispiel zu geben - der Liebe zu den kleinen Wesen der Tierwelt. So entstanden nicht wenige *haiku* von Issa, die auf diese gewöhnliche Weise direkt das Mitempfinden der Leser herausfordern.

Als ein Meister seiner Dichtung verharrte er aber nicht an den durch den *tsukinami*-Stil gegebenen ästhetischen Grenzen. Der verhaltene Ausdruck seines Schmerzes, seiner Trauer bewegt in vielen seiner Verse die Leser zu echtem, tiefgreifendem Mitfühlen. Auch durch die Einbezogenheit der Naturerscheinungen, der Pflanzen und Tiere klingt in seinem *haiku* ein allumfassendes, allgültiges Gefühl auf, das auch die Menschen unserer Zeit zu bewegen vermag.

Der Heimatsort von Issa, Kashiwabara, liegt am nördlichen Fuß eines Gebirges in Mitteljapan und gehört zu einer wirtschaftlich nicht reichen Gegend, die zudem im Winter unter sehr starkem Schneefall leidet. Da Issa schon in früher Jugend seinen Geburtsort, den er liebte, verließ, empfand er stets eine tiefe Sehnsucht nach seiner Heimat. Als er dann endlich im reifen Alter in seiner Heimat einen Platz gefunden zu haben glaubte, konnte er sich dem Leben der dortigen Bauern nicht mehr anpassen, da diese ausschließlich mit der Produktion materieller Güter beschäftigt waren. Trotzdem er nun ein Meister seiner Kunst war, fand er nicht viele Schüler, die ihn finanziell unterstützen konnten. Seine häufigen Besuche bei seinen Schülern, dienten vor allem dazu, um von ihnen als Entgeld für seinen Unterricht versorgt zu werden. Seine Tagebuchaufzeichnungen berichten von den Mühsalen, die sein Alltagsleben bis zu seinem Tode belasteten, und lassen gelegentlich auch Erinnerungen an die vergangene Zeit in Edo aufleuchten.

Wahrscheinlich wäre Issa - hätte er in Edo als *haiku*-Meister sein Glück gemacht - nicht in seine Heimat zurückgekehrt. So sehr er seine Heimat liebte, blieb er doch nach seiner Rückkehr als ein vom Leben, aber auch von sich selbst enttäuschter Mensch. In diesem Sinne war er ein Heimatloser, der lebenslang keinen Ort fand, der ihm inneres Glück und Zufriedenheit bescherte. Wie ein in der Sandwüste nach Wasser Suchender, so versuchte er, seinen Traum von Heimat zu verwirklichen. Einige seiner besten *haiku* drücken dieses Bewußtsein der Heimatlosigkeit aus.

Dunstverhangner Tag!
Hinterm Hügel am Abend
Bonbonhändlers Flöt'.[25]

An einem Frühlingsabend im Dunst ertönt die Flöte eines Bonbonhändlers hinter einem Hügel. Ob die Melodie eine wirkliche ist oder nur auf einer Täuschung beruht, kann man nicht wissen. Es könnte eine Melodie sein, die Issa in seiner Kindheit gehört hat. Dieses *haiku* entstand im Jahre 1805 in Edo und wahrscheinlich symbolisiert der Klang der Flöte seine Sehnsucht nach der Heimat.

Auch das eigne Herz
wurde von Shinanos Schnee
so ganz eingehüllt.[26]

---

25) かすむ日や夕山かげの飴の笛
〔全集第2巻268頁・文化句帖・文化2年, 1805年: Bunka Kuchō 1805, in: IGW Bd.2, S.268〕

26) 心からしなのゝ雪に降られけり
〔全集第2巻412頁・文化句帖・文化4年12月, 1807年: Bunka Kuchō 1807, in: IGW Bd.2, S.412〕

Mit der Absicht, die Aufteilung des väterlichen Erbes zu beschleunigen, ging er im Winter 1807 nach Kashiwabara zurück, ohne allerdings in dieser Angelegenheit Erfolg zu haben. Auf dem Weg zurück nach Edo entstand dieses *haiku*. Man spürt in diesem Gedicht das kalte Verhalten der Leute seiner Heimat ihm gegenüber, aber auch seinen Gram: bis ins Herz wurde er „vom eisigen Schnee" seiner Heimat getroffen.

Solch lust'ge Nacht
wurde zur Vergangenheit
- Kleiderwechsel.[27]

Kommt der Sommer, so wechselt man das Winter- oder Frühlingskleid mit dem Sommerkleid. Das ist ein Jahresfest. Ein alter Mann, wie Issa, hat keine Lust mehr, in einem neuen Kimono auszugehen und sich am allgemeinen Leben zu freuen. In der Heimat seßhaft geworden, aber immer mit einer inneren Unruhe lebend, erinnerte er sich an die vergangenen Tage in Edo, die er mit jugendlicher Lebenslust verbracht hatte.

In der Einsamkeit
kaue ich nun meinen Reis -
des Herbstes Ende.[28]

Besonders stark überfällt ihn das Gefühl der Verlassenheit im Spätherbst, der

---

27) おもしろい夜は昔也更衣 （全集第6巻459頁・句稿消息・文化9～13年(推定), 1812－1816？: Kukō Shōsoku 1812-1816?, in: IGW Bd.6, S.459）

28) 淋しさに飯を喰ふ也秋の風 （全集第4巻556頁・文政句帖・文政8年9月, 1825年: Bunsei Kuchō 1825, in: IGW Bd.4, S.556）

schon den herannahenden grau-kalten Winter ahnen läßt. In seiner Heimat, wo ihm persönliches und familiäres Glück versagt geblieben war, dichtete er im Jahre 1825, zwei Jahre vor seinem Tode, dieses *haiku*. Es zeigt, wie unerträglich ihm das Alleinsein geworden ist, auch die Tätigkeit des Essens kann es nicht erträglicher machen. Es ist aber zugleich auch ein Spiegel seiner Haltung, die Lebensumstände so zu nehmen, wie sie sind. So sehr er bis zum Ende seines Lebens einen Ort suchte, der ihn Zufriedenheit schenken konnte, so schmerzlich ihm das Alleinsein war, es blieb sein Schicksal und er meisterte es.

Matsumoto, im Dezember 1979

Issa, der Teedichter

Thomas Immoos

Man begegnet ihnen noch heute an den heiligen Stätten Japans, den *haijin*, den professionellen Haikudichtern. In graue oder dunkelbraune traditionelle Gewänder gehüllt, mit einer besonderen Kappe auf dem Kopf, mit *Geta* an den Füßen, ziehen sie schweigend, in tiefe Gedanken versunken, durch die Tempel und Gärten Kyōtos, die beredten Steine betrachtend, den rauschenden Wasserfällen, den raunenden Baumwipfeln lauschend, und sie vernehmen mehr, als die Touristen und Schulmädchentrosse in blauen Matrosenkleidern, die an ihnen vorüberhasten. Wahrscheinlich bringen sie es fertig, diese alle aus ihrem Bewußtsein auszublenden, sogar die plärrenden Lautsprecher und piepsenden „Busgirls". Wenn sie sich auch mit ihren lauten Zeitgenossen im gleichen Raum-Zeit-Kontinuum bewegen, leben sie doch in andern Zeiten und Räumen. Sie sind das poetische Gewissen der Nation. In ihnen lebt die über tausend Jahre alte poetische Tradition eines Volkes, dem der dichterische Ausdruck zu allen Zeiten, in allen Schichten, ein Herzensanliegen war. Jeder Japaner ist ein

Haikudichter, wenn sein Lebensnerv berührt wird. Vor allem aber sind es diese *haijin*, in denen die Stimmen aller Vorgänger weiter singen, und die ihre Botschaft und die alte Techniken an die Zeitgenossen vermitteln. Jede Tageszeitung öffnet den *haiku* und den ihnen zeitlich vorausgehenden *tanka* eine ständige Spalte, und der Kaiser selbst lädt jedes Jahr Tankadichter zur Rezitation eines *tanka* nach einem vorgegebenen Thema in den Palast ein. An dem vorausgehenden Wettbewerb beteiligen sich Männer und Frauen aus allen Volksschichten, neuestens sogar aus dem Ausland. Das *haiku* ist mehr als ein Gedicht, — es ist ein Lebensstil, eine ganze Weltanschauung.

Kobayashi Issa war ein *haijin*, der ruhelos durch die Wunder der Welt zog, um ihre geheimnisvolle Zeichensprache zu deuten und in knappste Form zu fassen. Tief ist er sich der Vergänglichkeit aller Dinge bewußt und leidet unter seiner wesentlichen Ungeborgenheit: Trotzdem ist die Welt voller Wunder.

    Diese Welt aus Tau

       ist nur eine Welt aus Tau,

       Und doch, und doch - ![29)]

Zehn Jahre durchwanderte Issa die Länge und Breite des Archipels. Man erinnert sich, daß schon in China Zenmönche die Betrachtung auf der Wanderschaft dem Hocken im Lotussitz vorgezogen hatten, und so gründete auch Ippen (1239-89) eine neue Sekte, deren wichtigste Übung noch heute die Pilgerschaft durch das weite Land ist.* Wir wissen nur, daß, sobald die Bettlertasche am

---

29) 露の世は露の世ながらさりながら
〔本書11頁参照〕

Hals und das Bündel an der Schulter hing, Issas Schatten ihn unmittelbar an die Tuschzeichnungen des berühmten Mönchdichters Saigyō erinnerte.

* Der Hauptsitz dieser *Jishū*-Sekte findet sich im Yugyōji in der Nähe von Fujisawa. Aus dem Kreis dieser Wandermönche ging die Tanzreligion des *Odori-Nembutsu* hervor.

Suchte dieser aber vor allem die Einsamkeit auf der Wanderschaft, das geruhsame Versenken in das eigene Ich, ist Issa sehr auf die Beziehung zu andern Menschen angelegt. Der Anblick des Meeres erinnert ihn unmittelbar an seine früh verstorbene Mutter.

>   Wenn ich am Meer steh,
>   steigt aus dem Wellengewoge
>   das Mutterantlitz.[30]

Glücklich ist er, daß der Dichter Gosei (Takahashi Denzaemon) ihn eine Nacht beherbergt:

>   Unter dem sanften
>   Mond sucht' ich ein gastliches Tor,
>   fand ein gutes Bett.[31]

Man denkt beim Lesen seiner Verse oft an die Vagantenlyrik der mittelalterlichen Scholaren. Etwas durchaus Unbürgerliches, Spielmannshaftes ist ihnen nicht fremd.

---

30) 亡(なき)母や海見る度に見る度に
　　　　〔全集第3巻157頁・七番日記・文化9年3月, 1312年; Shichiban nikki 1812, in: IGW Bd.3, S.157〕

31) 月朧(おぼろ)よき門探り当(あて)たるぞ
　　　　〔全集第5巻37頁・西国紀行・寛政7年1月, 1795年; Saigoku Kikō 1795, in: IGW Bd.5, S.37〕

Teehäuser und Kirsch-
Blust gehen zusammen auf
plötzlich über Nacht.[32]

Flöhe, wenn ihr schon
hüpfen müßt, hüpft auf Buddhas
Lotusblütenthron.[33]

Ähnlich respektlos klingt:

Selbst der schlafende
Buddha nimmt Almosen und
Blumen entgegen.[34]

Er nimmt sich selbst nicht allzu ernst:

Ein mächtiger Frosch
und Issa betrachten sich
stumm in Versenkung.[35]

---

[32] 茶屋むらの一夜にわきし桜かな
（全集第6巻139頁・おらが春・文政2年，1819年: Oragaharu 1819, in: IGW Bd.6, S.139）

[33] とべよ蚤(のみ)同じ事なら蓮の上
（全集第4巻58頁・風間本八番日記・文政2年6月，1819年: Kazamabon Hachiban nikki 1819, in: IGW Bd.4, S.58）

[34] 御仏や寝てござっても花と銭
（全集第4巻46頁・風間本八番日記・文政2年4月，1819年: Kazamabon Hachiban nikki 1819, in: IGW Bd.4, S.46）

[35] おれとして白眼〈:にらめ〉くらする蛙かな
（全集第4巻236頁・梅塵本八番日記・文政2年，1819年: Baijinbon Hachiban nikki 1819, in: IGW Bd.4, S.236）

Wer schon ein feuchtfröhliches Kirschblütenfest erlebt hat, versteht auch den Hintergrund des folgenden Gedichts:

> Unter den weißen
> Kirschblüten werden alle
> Menschen zu Brüdern.[36]

An den sorglosen „Taugenichts" erinnert:

> Wie Buddha lieg ich
> schweigend im Farbenwirbel
> der Blumenopfer.[37]

Issas Leben war geprägt von Armut und Familienstreitigkeiten. Das Gesicht seiner Stiefmutter erinnert ihn an eine Viper. Mehrere Kinder verlor er durch frühen Tod. In seinem Heimatdorf fristete er ein kümmerliches Leben.

> Ein Bauerndorf duckt
> sich unter Bambusgebüsch
> hinter Pflaumenblust.[38]

---

36) 花の陰あか〈:赤〉の他人はなかりけり
(全集第4巻42頁・風間本八番日記・文政2年3月, 1819年: Kazamabon Hachiban nikki 1819, in: IGW Bd.4, S.42)

37) 小うるさい花が咲くとて寝釈迦かな
(全集第6巻136頁・おらが春・文政2年・1819年: Oragaharu 1819, in: IGW Bd.6, S.136)

38) 藪むらや口のはた迄梅の花
(全集第2巻385頁・文化句帖・文化3年12月, 1806年: Bunka Kuchō 1806, in: IGW Bd.2, S.385)

Ein kleines grünes

Reisfeld ist der einzige

Schmuck meiner Hütte.[39]

Eine Strohmatte,

unter dem grünen Kieferdach

ist mein Sommerhaus.[40]

Man denkt an Franz von Assisi, wenn man immer wieder beobachtet, mit welcher Liebe er sich der kleinen, ungeschützten Kreaturen annimmt.

Flieht, kleine Spatzen,

denn schon galoppiert mein Roß

gewaltig heran.[41]

Ich rech' den Garten

um meine Vogelgäste

recht zu begrüßen.[42]

Aus ihrer Betrachtung schöpft er die Freuden des Alltags:

---

[39] 苗代も庵のかざりに青みけり
〔全集第3巻564頁・七番日記・文化15年11月, 1818年: Shichiban nikki 1818, in: IGW Bd.3, S.564〕

[40] 松陰や蓙（ござ）一枚のなつ坐〈:座〉敷
〔全集第4巻80頁・風間本八番日記・文政2年10月, 1819年: Kazamabon Hachiban nikki 1819, in: IGW Bd.4, S.80〕

[41] 雀の子そこのけそこのけ御馬が通る
〔本書130頁参照〕

[42] 鶯の馳走には〈:掃〉きしかきね哉
〔全集第4巻40頁・風間本八番日記・文政2年2月, 1819年: Kazamabon Hachiban nikki 1819, in: IGW Bd.4, S.40〕

Ein Kätzchen sonnt sich
in der Wagschale, um sein
Gewicht zu prüfen.[43]

Eine Katze neckt
mit dem geschwungenen Schwanz
den Tanzschmetterling.[44]

Dieses Mitleid mit der Kreatur sieht er selbst in den Naturmächten walten:

Roß nach Roß trottet
müde den Nach-Hause-Weg
vor Abendlerchen.[45]

---

43) 猫の子や秤(はかり)にかゝりつゝざれる
  〔全集第3巻558頁・七番日記・文化15年10月, 1818年: Shichiban nikki in: IGW
  Bd.3, S.558〕
44) 犬猫の尻尾でじゃらす小てふ哉
  〔全集第3巻555頁・七番日記・文化15年9月, 1818年: Shichiban nikki 1818,
  in: IGW Bd.3, S.555〕
45) 横のりの馬のつゞくや夕雲雀(ひばり)
  〔全集第4巻42頁・風間本八番日記・文政2年3月, 1819年: Kazamabon
  Hachiban nikki 1818, in: IGW Bd.4, S.42〕

Der Gesang der Vögel soll den müden Pferden den Heimweg erleichtern. Etwas von der Beglückung durch das reine Vogellied spürt man in dem folgenden Gedicht:

> Nur Vögel singen
> in dieser sündigen Welt
> ein Lied vom Himmel.[46]

Issa - ein Schluck Tee -, bescheidener könnte man die Nichtigkeit seiner eigenen Existenz nicht ausdrücken, aber in den *haiku* dieses lebenslang von widrigen Schicksalen verfolgten Menschen schwingt ein Ton reiner Lebensfreude, der sich äußert ohne „Metapherngestöber" (P. Celan).

Tōkyō, im Februar 1980

---

46) 今の世も鳥はほけ経鳴にけり
〔全集第4巻39頁・風間本八番日記・文政2年2月, 1819年; Kazamabon Hachi-ban nikki 1818, in: IGW. Bd.4, S.39〕

Abkürzung der Namen der Teilnehmer und Hinweis auf die Nachschöpfungen und die Übersetzungen

BB	Bettina Bucher	47, 49, 51, 55, 65, 75, 93, 97, 99, 119
JDB	Johann Diedrich Bellmann	41, 47, 81, 91, 97, 111, 117
TB	Theo Binder	49, 51, 53
ic	ingo cesaro	75, 105
CC	Charlotte Christoff	117
PC	Peter Coryllis	57, 105
ED	Ernst David	41, 65, 97, 113
EF	Elmar Fitterer	67
FF	Frank Fiedler	89, 113
PG	Peter Geisler	71
gg	gisela gorenflo	69
RG	Reiner Gödtel	63
MG	Michael Groißmeier	41, 47, 71, 73, 79, 93, 101
IHG	Ingrid und Hans Grunsky	69, 73, 83, 107, 113, 135
HH	Horst Hammitzsch	41-135
AH	Annemarie Harms	45, 83, 101
EHR	Ellen Hassmann-Rohland	55, 57, 61, 135
JJL	Johanna Jonas-Lichtenwallner	95, 103, 109
HKH	Harald K. Hülsmann	45, 77, 91, 111, 123
GHR	Gertrud von Heiseler-Rességuier	93
EJ	Erwin Jaeckle	45, 53, 79, 83, 95, 107, 115, 121

KK	Karl Kleinschmidt	129, 131, 133
RJK	Robert Josepf Koc	43, 61, 101, 125
SK	Susanne Köllersberger	79, 91
CHK	Carl Heinz Kurz	63, 77, 81, 103
IL	Isolde Lachmann	53, 111, 127
EL	Emmerich Lang	49, 51, 55, 57, 65, 77, 95, 99, 133
BL	Barbara Lindner	59, 109, 119
PL	Paul Lüth	67, 131
GM	Gerhild Michel	69
EM	Eugenie Mossdorf	43, 59, 73, 75, 81
IPF	Ilse Pracht-Fitzel	59, 63, 71
FR	Friedrich Rohde	121, 123, 125
HSN	Hella Schmid-Neuhaus	127
HaS	Hachirō Sakanishi	125
HPS	Hans Peter Stähler	43, 115, 119, 129
HS	Hans Stilett	85, 99, 103, 131
SS	Sabine Sommerkamp	85, 87, 89, 129
KT	Kathleen Thoma	135
JU	Joachim Uhlmann	105, 107, 109
EW	Edgar Weinhold	61, 115, 117
KLW	Karl L. Wiesinger	121, 123, 127

*

Transkription S. 40 - S. 134 : Takao Okamoto und Horst Hammitzsch

稲妻や畠の中の風呂の人

〔全集第4巻379頁・文政句帖・文政5年6月, 1822年。全集とは信濃教育会編
「一茶全集」(信濃毎日新聞社・1976－1980年刊) 8巻・別巻1を指す―以下同じ〕

(H)

Inazuma ya
hatake no naka no
furo no hito.

〔Bunsei Kuchō 1822, in: IGW Bd. 4, S. 379〕

Inazuma: das im Herbst zur Zeit der Reisreife in den Abend- und Nachtstunden häufige ferne Wetterleuchten; auch *inabikari* genannt. *Inazuma*: *ina* (Reispflanze) und *zuma* (< *tsuma*; Frau, Ehefrau). Dem Volksglaube nach kommt die Reisgottheit mit Blitz und lautem Donner herab, um das Wachstum des Reises zu fördern. Einen ähnlichen Gedanken zeigt ein anderes *haiku* von Issa:

    Beim Wetterleuchten
    trägt alles seine Früchte -
    selbst Rankengewächs.

〔Kazamabon Hachiban nikki 1820, in: IGW Bd. 4, S. 125;
Baijinbon Hachiban nikki 1820, in: ebd., S. 285〕

Fern Wetterleuchten!
Mitten auf dem Feld aber
einer im Bade.   HH

            *

Blitz und Donner! -
Behaglich badet einer
im Zuber am Rain.   MG

Wat is mi dat nu!
Buuten vör Döör baadt de Buer
in de Pökeltünn.   JDB

            *
            *

Duft nach Gewitter -
gelassen badet einer
auf freiem Felde.   ED

稲妻に実を孕む也葎（むぐら）迄（まで）
〔全集第4巻125頁・風間本八番日記・文政3年7月, 1820年 ; 285頁・梅塵本八番日記
・文政3年〕

Das altjapanische Bad war zumeist ein Dampfbad. Mit der Entwicklung der Böttchereitechnik wurden dann aus Holz gefertigte, durch einen eingebauten Ofen beheizte Badekübel hergestellt. In ländlichen Gegenden standen diese oft in der Nähe des Dunghaufens, so daß sich das benutzte Badewasser leicht mit dem Dung vermischen ließ. Das Bild zeigt einen Badekübel mit Rauchabzug; im Hintergrund das Schilfdach eines Bauernhauses.

六十に二ッふみ込む夜寒哉

〔全集第3巻320頁・七番日記・文化11年7月, 1814年〕

Rokujū ni
futatsu fumikomu
yosamu kana.

(H)

[Shichiban nikki 1814, in: IGW Bd. 3, S. 320]

Die alte japanische Zeitrechnung folgt dem traditionellen chinesischen Sechzigerzyklus des Zeitablaufs, der sich nach Ablauf von sechzig (*rokujū*) Jahren jeweils wiederholt. Er ist aufgebaut auf kosmologischen Ordnungskategorien (zehn Erdstämme, *jikkan*; zwölf Himmelszweige, *jūnishi*). Der 61. Geburtstag (*Kanreki*: die Wiederkehr des Kalenders) wird aus diesem Grunde ganz besonders gefeiert, denn er bedeutet dem Brauchtum nach den Eintritt in die zweite Kindheit (*honkegaeri*), da sich die zyklischen Zeichen des Geburtsjahres wiederholen. So dichtet Issa denn auch im Januar 1822:

> Mein Neufrühling nun
> volle sechzig Jahre alt -
> Schnee vor dem Eingang.

Den Sechzigern nun
zwei Jahre nähergerutscht -
kalt ist die Herbstnacht.   HH

*

Fünfzig Jahr' vorbei
Herbstkälte durchdringt
meine Einsamkeit   RJK

Kalter Herbstabend.
Und ich bin schon zwei Jahre
mehr als fünfzig!   EM

*
*

Herbstabend. Kälte,
fröstelnd die Seele nagend
Oh, ferne Jugend –   HPS

〔Bunsei Kuchō 1822, in: IGW Bd. 4, S. 333〕

まん六の春と成りけり門の雪   〔全集第4巻333頁・文政句帖・文政5年1月, 1822年〕

Der Mann hat seine Füße in einen Fußwärmer (*Kotatsu*) gestreckt. Dieser besteht aus einem tischartigen, über die mit Holzkohlen beheizte Feuerstelle gesetzten Rahmenwerk, über das eine die Füße der Herumsitzenden einhüllende Decke gelegt wurde, so daß die Wärme nicht entweichen konnte, sondern dem Körper des Sitzenden zugeführt wurde. Das *Kotatsu* fand vom Spätmittelalter an seine Verbreitung und wurde vom 10. Monat an im Haus benutzt.

母馬が番して呑す清水哉
〔全集第4巻60頁・風間本八番日記・文政2年6月；246頁・梅塵本八番日記・文政2年，1819年。全集別巻225頁・文政版一茶発句集・文政12年丑7月，1829年〕

(S)

Hahauma ga
ban shite nomasu
shimizu kana.

[Kazamabon Hachiban nikki 1819, in: IGW Bd. 4, S. 60;
Baijinbon Hachiban nikki 1819, in: IGW Bd. 4, S. 246;
Bunseiban Issa Hokkushū 1829, in: IGW Ergänzungsband, S. 225]

Wahrscheinlich entstand das *haiku* bei einem Besuch von Issa in Koganegahara, wo sich ein Gestüt befand, das er im 6. Monat des 7. Jahres Bunka (1810) besuchte.

   Unter den Bäumen
   Schatten sucht sie und ruft es!
   Die Mutterstute.

[Shichiban nikki 1810, in: IGW Bd. 3, S. 68]

下陰を捜してよぶや親の馬　　〔全集第3巻68頁・七番日記・文化7年6月，1810年〕

Die Mutterstute
hält Wacht und läßt es trinken.
Quellklares Wasser! HH

    *

Quellwasser erquickt
das Fohlen. Die Stute gibt
acht seitab - und lauscht. AH

Hinter der großen
Wacht der lauernden Stute
trinkt es sich munter. EJ

    *
    *

Schatten der Mutter
der noch Schutz gibt auch wenn ich
den Kopf abwende HKH

日本は這入口からさくらかな
　　　は　ひり

Nippon wa
hairiguchi kara
sakura kana.

〔全集第3巻377頁・七番日記・文化12年7月, 1815年〕

（F）

[Shichiban nikki 1815, in: IGW Bd. 3, S. 377]

Der Eingang, die Einfahrt (*hairiguchi*) ; hier auf die Hafenstadt Nagasaki bezogen, die während der Edo-Zeit für chinesische und europäische Kauffahrer der einzige Anlaufhafen war. Jedes Jahr mußten sich im 3. Monat die Holländer von ihrer Niederlassung in Nagasaki nach Edo zur Audienz in die Residenz des Shōgun begeben.

　　　Der Holländer selbst
　　　kommt zur Kirschblütenzeit an -
　　　Sattel auf dem Pferd.
　　　　　　　Bashō

Sonnenursprungsland!
Von der Landung an nichts,
nichts als Kirschblüten.   HH

*

Vom ersten Schritt an
begleitet die Kirschblüte
Japans Besucher.   MG

*
*

Mit den ersten Schritt
op bleihen Kirschbööm to
gaht wi in Japan an Land.   JDB

Japan: wenn
de-n-ine gosch, zerscht,
es Chirsi.   BB

阿蘭陀(おらんだ)も花に来にけり馬に鞍　芭蕉
〔延宝7年5月刊, 言水編 "江戸蛇之鮓(えどじゃのすし)" 他所載, 1679年以前作〕

Ein Holländer und eine Japanerin überblicken den Hafen von Nagasaki von der Veranda aus.

鬼灯や七ッ位の小順礼

〔全集第4巻279頁・梅塵本八番日記・文政3年，1820年〕

Hōzuki ya
nanatsugurai no
kojunrei.

(H)

[Baijinbon Hachiban nikki 1820, in: IGW Bd. 4, S. 279]

Hōzuki: die Lampionblume (Physalis alkekengi var. Franchetti), auch Blasen- oder Judenkirsche. Die roten Früchte dienen beim Sternenfest (*Tanabata*) am 7. Tage des 7. Monats gern als Opfergabe, sind aber zugleich für kleine Mädchen ein beliebtes Spielzeug. Man kann mit ihnen durch Hineinblasen Töne erzeugen. Ein weiteres diesbezügliches *haiku* von Issa:

    Des Blasenkirschspiels
    Anführerin ist es wohl!
    Das Nachbarmädel.

[Kazamabon Hachiban nikki 1821, in: IGW Bd. 4, S. 206;

Lampionblume!
Um die Sieben herum ist's,
das Pilgermädchen.   HH

   *

Liebe Pilgerin
mit der Blasenkirsche! Zählst
kaum sieben Jahre!   EL

Blasenkirsche. Kaum
sieben Jahre zählt sie, die
kleine Pilgerin.   TB

   *
   *

Weiße Pilgerin:
s'Spielzeug, einziges, hüt' es,
die Blasenkirsche.   BB

Baijinbon Hachiban nikki, in: ebd., S. 321]
鬼灯（ほほづき）の指南をするや隣の子
〔全集第4巻206頁・風間本八番日記・文政4年9月，1821年；321頁・梅塵本八
番日記・文政4年〕

Das Mädchen trägt die übliche Pilgertracht, einen weißen Kimono und ein Übergewand ohne Ärmel (*sodenashi*), dazu einen kleinen Binsenhut (*yamagasa*).

へし折りし芒のはしも祭り哉
(をり) (すすき) (箸)

〔全集第4巻178頁・風間本八番日記・文政4年7月, 1821年；全集
第4巻305頁・梅塵本八番日記(…の箸も…)・文政4年, 1821年〕

(H)

Heshiorishi
susuki no hashi mo
matsuri kana.

[Kazamabon Hachiban nikki 1821, IGW Bd. 4, S. 178;
Baijinbon Hachiban nikki 1821, IGW Bd. 4, S. 305]

Matsuri; Fest, zumeist ein Shintō-Fest; hier ein Fest des Suwa-Schreins in Suwa in der Provinz Shinano (heute: Nagano-Präfektur), das vom 26. Tag bis 30. Tag des siebten Monats begangene Misayama-matsuri, das eine alte Tradition hat. Beim Fest wird eine Hütte aus Schilfrohr errichtet und darin ein Gottesdienst abgehalten, bei dem man gejagte Vögel als Opfergabe darbringt. Da der Schrein auch als „Kriegs-Schrein" angesehen wurde, erfuhr das Fest im Mittelalter durch den Kriegeradel eine großartige Ausgestaltung. Es gab und gibt den Brauch, daß die Anwohner der Gegend bei dem Fest den gekochten, mit Mungobohnen vermischten Reis (*sekihan*) mit aus Schilfrohr gefertigten Eßstäb-chen genießen. Im Suwa-Schrein werden die Gottheiten Takeminakata, seine Gemahlin Yasakatome und sein Bruder Yaekotoshironushi verehrt. Issa gibt dem Fest auch in anderen *haiku* Raum:

    Eine Holzwanne!
    Bei meinem Misayama

Das abgebrochene
Schilfrohr wird zum Eßstäbchen
beim Schreinfest im Dorf.   HH

                    *

Unser Dorffest! Gib'
Eß-Stäbchen aus gebrochenem
Pampasgras.   BB

Kirmes. Mit Stäbchen
aus abgeknacktem Schilfrohr
essen wir heute.   EL

                    *
                    *

Auch gepflücktes Gras
wurde zu einer Zierde
für unser Dorffest.   TB

---

der Suwa-See.
〔Kazamabon Hachiban nikki 1821, in: IGW Bd. 4, S. 178;
Baijinbon Hachiban nikki, 1821, in: IGW Bd. 4, S. 304〕

小盥(だらひ)や我みさ山のスハ〈:諏訪〉ノ海
〔全集第4巻178頁・風間本八番日記・文政4年7月, 1821年〕；御謝〈:射〉山…
〔同304頁・梅塵本八番日記・文政4年〕

Das heilige Fest!
Weich-samtene Rinder und
silbernes Schilfrohr.

〔Bunsei Kuchō 1824, in IGW Bd. 4, S. 472〕

御祭りやビラウド〈:天鵞絨〉の牛銀すゝき   〔全集第4巻472頁・文政句帖・文政7年3月, 1824年〕

Die Shintōgottheiten wurden seit altersher in einem tragbaren Schrein (*mikoshi*) zum Festort getragen.
Diese Tragschreine, die man sich als zeitweiligen Sitz der Gottheiten vorstellt, werden zumeist von
jungen Leuten der Schreingemeinde (*ujiko*) getragen.

とっくり
陶の杉の葉そよぐはつ時雨

〔荻原井泉水「一茶俳句集」(岩波文庫，1979年第41刷143頁) 文化13年，1816年〕

Tokkuri no
sugi no ha soyogu
hatsushigure.

(W)

[in: Ogiwara Seisensui, Hg.: Issa Haikushū. Iwanamibunko 1979, S. 143; vermutlich im Jahre 1816 gedichtet]

---

hatsushigure: der erste kalte Regen, der den Jahreszeitwechsel zwischen Herbst und Winter einleitet. Ein beliebtes Jahreszeitwort der *haiku*-Dichter.

    Als der Wandernde
    wird man mich wohl benennen –
    beim Spätherbstregen.
        Bashō

旅人と我名よばれん初しぐれ 芭蕉　　　　〔貞享4年作，笈の小文(おひのこぶみ)：所載，1687年〕

  Der Spätherbstregen!
  Auch der Affe wünscht sich wohl

Im Reisweinkruge
zittern die Zedernadeln –
beim Spätherbstregen. HH

*

Vom Spätherbstregen
zittern zart die Zedern in
der Reisweinflasche IL

Spätherbst. Es regnet.
In der Vase rauschen fein
die Zedernzweige TB

*
*

Wie Mantelstroh rauscht
unter Dach der Zedernzweig
zum Spätherbstregen. EJ

---

ein Strohmäntelchen.
Bashō
初しぐれ猿も小蓑（こみの）をほしげ也　芭蕉　　（元禄2年9月作，猿蓑：（さるみの）所載，1689年）

Beim Verkauf des neuen Reisweins stellte der Reisweinhändler oder die Brauerei früher frische Zedernzweige vor dem Laden auf; manchmal wurden auch kugelförmig zusammengebundene Zedernzweige über den Eingang gehängt. Ein Dörfler in Strohmantel (*mino*) und mit großem Binsenhut (*sugegasa*) kommt durch den Regen, um Reiswein zu kaufen.

ちさい子が草背(せおび)負けり五月雨

〔全集第1巻262頁・希杖本〕

Chisai ko ga
kusa seoikeri
satsukiame.

(S)

[Kijōbon, in: IGW Bd. 1, S. 262]

Satsukiame (*satsuki*: der 5. Monat des alten Kalenders; *ame*: Regen), also der Mairegen, auch *samidare*. Dieser Regen, der etwa um die Mitte des 5. Monats, also nach dem neuen Kalender Mitte Juni, einsetzt, leitet die für Japan typische Regenzeit (*tsuyu*) ein, die bis etwa Mitte des 6. Monats anhält. Das für die Zeit wechselhafte Wetter macht ein anderes *haiku* von Issa deutlich:

    Auch der Mairegen
    gönnt sich wohl eine Pause -
    am heutigen Tag!
        [Kazamabon Hachiban nikki 1819, in: IGW Bd. 4, S. 41; Baijinbon

Ein kleiner Junge,
auf dem Rücken ein Grasbund.
Frühsommerregen!   HH

    *

Schweres Bündel Gras
schleppt ein Knabe, tief gebückt.
- Maienregen fällt.   EHR

    *
    *

E ganze Balle
vo frühschem Gras für's Füli!
jetzt chunnt dr Räge.   BB

Schau! Dea kloani Bui
zaht Gros af sein Buckl hoam.
Da Maireign jauckt eahm.   EL

Hachiban nikki 1819, in: ebd., S. 239 mit einer Variante〕
五月雨も中休みぞよ今日は
〔全集第4巻41頁・風間本八番日記・文政2年2月, 1819年; 239頁・梅塵本八番日記・文政2年〕
Der Knabe schleppt ein Bund Gras auf dem Rücken, wohl Futter für das Hauspferd.

Ri

リンリン*と凧上りけり青田原

〔全集第3巻428頁・七番日記・文化13年6月，1816年。原書縦書きにて＊（ゝヽゝ）とあり，宮脇昌三氏の御了解にて（リンリン）と記す〕

(S)

Rinrin to
tako agarikeri
aotahara.

[Shichiban nikki 1816, in: IGW Bd. 3, S. 428]

Das Steigenlassen von Papierdrachen (tako) - aus China übernommen - war in Japan schon frühzeitig bekannt. In der Edo-Zeit war es besonders verbreitet. Die selbstgebauten Drachen besaßen zum Teil eine beachtliche Spannweite und wiesen eine Vielgestalt an Formen auf. Sie waren vier-, fünf- und sechseckig und bildeten allerlei Getier, Fächer und anderes nach. Oft befestigte man auch Glöckchen an ihnen und veranstaltete Drachenkämpfe. Zwei weitere Drachen-haiku von Issa:

    Hoch steigen Drachen,
    in idyllischer Ruhe
    ein kleines Dörfchen.

Voller Mut schwirrend
steigen Drachen himmelwärts.
Grün das Reisgefild!   HH
    *

Hoch über grüne
Wasserfelder hin schweben
furchtlos die Drachen.   EL

Drachen steigen kühn
in den Himmel. - Windbewegt
auch des Reisfelds Grün.   EHR
    *
    *

Weit aus den Dörfern
jung und alt beim Drachenspiel.
Üben das Siegen.   PC

    Gerissen die Schnur,
    nun rollen auch die Hunde
    mit ihren Augen.
        〔Shichiban nikki 1814 und 1815, in: IGW Bd. 3, S. 317 und 380〕
    凧上てゆるりとしたる小村哉
    凧きれて犬もきよろきよろ目哉
        〔全集第3巻317頁・380頁・七番日記・文化11年6月, 1814年; 文化12年7月, 1815年〕

ぬり盆にころりと蠅の辷(すべ)りけり
〔全集第4巻55頁・風間本八番日記・文政2年6月；244頁・梅塵本八番日記・文政2年，1819年〕

Nuribon ni
korori to *hae* no
suberikeri.

(S)

[Kazamabon Hachiban nikki 1819, in: IGW Bd. 4, S. 55;
Baijinbon Hachiban nikki 1819, in: IGW Bd. 4, S. 224]

Geschwind, reiße aus!
Fliehe, entgeh' den Schlägen,
du kleine Fliege!

[Bunsei Kuchō 1822, in: IGW Bd. 4, S. 379]

とく逃よにげよ打たれなそこの蠅

〔全集第4巻379頁・文政句帖・文政5年6月，1822年〕

Auf dem Lacktablett
mit einem Mal die Fliege,
ausgerutscht ist sie.   HH

    *

Die Fliege auf dem
gelackten Tablett - plötzlich
ist sie ausgerutscht!   EM

Eine Fliege kann
auf gelacktem Tablett leicht
auf den po fliegen.   IPF

    *
   *

Rutschen? Flieg' Fliege!
Das Tablett zu glatt für dich,
das schön gelackte.   BL

留主寺にせい出してさく桜哉

〔全集第3巻398頁・七番日記・文化12年11月,1815年〕

Rusudera ni
seidashite saku
sakura kana.

(F)

[Shichiban nikki 1815, in: IGW Bd. 3, S. 398]

Rusudera: ein buddhistischer Tempel, dessen Priester - vielleicht geschäftlich - abwesend ist. Im Shichiban nikki stehen vor diesem *haiku* zwei andere, die sich auf den Kōraku-Tempel der Stadt Nagano beziehen, somit ist es wahrscheinlich, daß auch dieses *haiku* im gleichen Zusammenhang zu sehen ist. Wahrscheinlich hat es Issa von einer Erinnerung her gestaltet.

    Der heilig' Kannon
      göttliche Kräfte sind es -
    die Kirschblüten da!

[Shichiban nikki 1810, in: IGW Bd. 3, S. 29]

Niemand im Tempel,
doch voller Eifer blühn'n sie,
die Kirschbäume.   HH

                    *

Kirschbäume blühen
am einsam leeren Tempel,
blühen und blühen!   RJK

Jener Kirschbaum,
im verlassenen Tempelhain,
blüht und blüht und blüht -   EHR

                    *
                    *

Ein alter Tempel
Steht friedvoll im stillen Hain,
Wo Kirschen blühen.   EW

観音のあらんかぎりは桜かな   〔全集第3巻29頁・七番日記・文化7年1月, 1810年〕

折々に小滝をなぶる紅葉哉

〔全集第4巻397頁・文政句帖・文政5年8月，1822年。原書縦書にて＊(氵〲)とあり，宮脇昌三氏の御了解にて(折々)と記す〕

Oriori ni
kotaki wo naburu
momiji kana.

(H)

〔Bunsei Kuchō 1822, in: IGW Bd. 4, S. 397〕

Momiji; die sich im Herbst tiefrot färbenden Blätter des Ahorns (Acer), daneben aber für die Herbstfärbung der verschiedensten Laubgehölze überhaupt gebraucht, die von gelber über rotbraune bis zur tief Karminrot zeigenden Farbskala spielt.

    Zollhoch nur sind sie,
    die Bäumchen, doch ein jedes
    leuchtend im Herbstrot!

〔Bunsei Kuchō 1818, in: IGW Bd. 3, S. 555〕

Hier und da neckt er
den winzigen Wasserfall,
der rote Ahorn.   HH

    *

Kleiner Wasserfall,
dich liebkosen zuweilen
des Ahorns Zweige.   CHK

Ab und zu tätschelt,
beschmust ein Ahornzweig den
lütten Wasserfall.   IPF

    *
    *

Stürzender Lichtfluß
Ahornfinger zeigen den
Weg bis zur Schläfe   RG

一寸の木もそれぞれに紅葉哉
〔全集第3巻555頁・七番日記・文化15年9月, 1818年；原書縦書にて「⺌…」〕

我と来てあそぶ(ママ)＊親のない雀

〔全集第3巻293頁・七番日記・文化11年1月, 1814年。原書＊(…あそぶ
…), 宮脇昌三氏の御指示にて(…あそべや…)をローマ字表記においてとる〕

Ware to kite
asobe ya oya no
nai *suzume*.

(F)

〔Shichiban nikki 1814, in: IGW Bd. 3, S. 293〕

Nach einem Kommentar im ersten Band der Gesamtwerke (IGW S. 129) findet sich das *haiku* mit verschiedenen Varianten in sechs Werken von Issa. Das *Asagizora* (1793–1822) hat einführend die Worte: „Man kann ein Waisenkind schon an seiner Haltung erkennen ..., so heißt es im Lied. Das Herz voller Weh wärmte ich mich ganz allein hinten beim Schuppen an der Sonne." Im *Ora ga haru* (1819) steht unter dem *haiku* „Der sechsjährige Yatarō". Nach Miyawaki wird diese Unterschrift als nachträgliche Schöpfung betrachtet, mit der Issa die ästhetische Wirkung des *haiku* verstärken wollte. Die Echtheit des Erlebens aber stammt zweifelsohne aus seiner Kindheit, sie spiegelt die Gefühle des Verwaisten und stiefmütterlich behandelten Knaben. Das Thema klingt in vielen seiner

Komm' doch her zu mir,
laß uns zusammen spielen,
verwaistes Spätzlein!   HH

               *

Komm doch her zu mir
du mutterloses Spätzchen,
komm und spiel mit mir!   ED

               *
               *

Chumm doch dohi - du -
Waisespatz!
und spil es bitzli mit mir.   BB

Kimm hea dou za mia,
du oams vawoasts Spatzal du!
Spülst di hold mid mia!   EL

---

haiku auf, zumeist sich dem Waisendasein kleiner, schutzbedürftiger Tiere oder deren Eingebundensein
in ihre Familie zuwendend.
             Von vielen Kindern
             ist sie schon ganz ermattet,
             die Spatzenmutter.
                                         〔Shichiban nikki 1811, in : IGW Bd. 3, S. 105〕

大勢の子に疲たり〈：る〉雀かな   （全集第3巻105頁・七番日記・文化8年1月, 1811年）

かたつぶりそろそろ登れ富士の山

〔全集別巻225頁・文政版一茶発句集・文政12年編，1829年〕

Katatsuburi
sorosoro nobore
fuji no yama.

(S)

〔Bunseiban Issa Hokkushū 1829, in: IGW Ergänzungsband S. 225〕

Hier handelt es sich nicht um den Fuji-Berg mit seiner Höhe von 3776 m, sondern um einen kleinen, aufgeschütteten Hügel in der Nähe des Stadtteils Asakusa von Edo, dem man humorvoll den Namen „Fuji" gab. Auf ihm steht ein Shintō-Schrein, dessen Fest im Juni gefeiert wird. Das Thema wird von Issa auch in einem anderen *haiku* behandelt:

    Das kleine Schnecklein,
      lang-, langmutig besteigt es
    den Fuji-Berg.

〔Bunsei Kuchō 1825, in: IGW Bd. 4, S. 536〕

蝸牛（かたつむり）気永に不士へ上る也　　〔全集第4巻536頁・文政句帖・文政8年4月，1825年〕

Kleines Schnecklein, Du!
Besteige hin ganz langsam,
den Fuji-Berg!   HH

   *

lauf langsam,
du Schnecke, den Fuji-Berg
hinauf.   EF

gang langsam,
du Schnegge,
de Fuji-Berg nuf.   EF

   *
   *

Wat schwitzt de denn so,
Kleener Schneck,
der Berch looft dir nich wech!   PL

          Asakusa's Berg:
          den Fuji betritt er nun
          quakend, der Frosch.
                                   〔Shichiban nikki 1813, in: IGW Bd. 3, S. 211〕
          浅草の不二を踏(ふま)へてなく蛙   （全集第3巻211頁・七番日記・文化10年1月, 1813年）

Das um die Stirn gebundene Band (*hachimaki*) - es ist ein zusammengerolltes japanisches Handtuch (*tenugui*) - deutet die schwere Arbeit an, welche die Schnecke leistet.

よし切（きり）りやことりともせぬちくま川（千曲）

〔全集第4巻363頁・文政句帖・文政5年4月，1822年〕

Yoshikiri ya
kotori to mo senu
Chikumagawa.

(S)

[Bunsei Kuchō 1822, in: IGW Bd, 4, S. 363]

Yoshikiri, auch *gyōgyōshi*: der Drosselrohrsänger, Acrocephalus arundinaceus. Der Chikumagawa ist der 200 km lange Oberlauf des ins Japan-Meer mündenden Shinanogawa.

„Regen erbitten,
welch eine Torheit!" singt er,
der Rohrsänger.

[Kazamabon Hachiban nikki 1819, in: IGW Bd. 4, S. 52;
Baijinbon Hachiban nikki 1819, in: IGW Bd. 4, S. 241]

Drosselrohrsänger!
Still bist du, so still wie
der Chikuma-Fluß.   HH

    *

still im schilf
der drosselrohrsänger
auch vom fluß kein laut   gg

Der Rohrsänger sitzt
und singt nicht. Der Tschikuma
fließt schweigend durchs Land.   IHG

    *
    *

Der kleine Rohrsänger
schweigt - in die Stille tritt
der breite Chikuma-Fluß   GM

雨乞のばかばかしとや行々子(ぎゃうぎゃうし)
〔全集第4巻52頁・風間本八番日記・文政2年5月, 1819年：原書縦書にて
「※〰⌒」 ；241頁・梅塵本八番日記・文政2年，原書縦書にて「※〰⌒…」〕

たのもしやてんつるてんの初袷

〔全集第3巻417頁・七番日記・文化13年3月，1816年；422頁・七番日記・同4月，1816年〕

Tanomoshi ya
tentsuruten no
hatsuawase.

(H)

[Shichiban nikki 1816, in: IGW Bd. 3, S. 417; und S. 422]

---

hatsuawase: das beim Kleiderwechsel (*koromogae*) erstmals angelegte Frühlingsgewand: das leicht gefütterte Kleid (*awase*), das bald mit dem Sommerkleid, dem ungefütterten Kleid (*hitoe*) gewechselt wird. Das Anlegen erfolgte nach altem Kalender am 1. Tag des 4. Monats,. das Anlegen der Winterkleidung (*wataire*) am 1. Tag des 10. Monats. Im *Shichiban nikki* und im *Ora ga haru* steht einführend vor dem haiku: „Glück für die Zukunft des Kindes wünschend." Nach Miyawaki bezieht sich das *haiku* auf Issas zweiten Sohn Sentarō, der am 14. April 1816 geboren wurde, aber bereits am 11. Mai des Jahres starb.

    Ein Bonbonstäbchen,

Vielversprechend ist's!
Der zu kurze Kimono
beim Kleiderwechsel.   HH

     *

Das verspricht ja viel:
Zu kurz dem Kind der erste
Frühlingskimono!   MG

Das Kind wächst tüchtig.
Man ist ganz von den Socken
beim Kleiderproben!   IPF

     *
     *

Wie groß du geworden,
Kind, bald, weißt du,
wird ein Mann kommen...   PG

---

quer im Munde es lutschend -
beim Kleiderwechsel.

飴ン棒横に加〈:哩〉へて初袷   〔Kyōwa Kuchō 1803, in: IGW Bd. 2, S. 92〕
                                                   （全集第2巻92頁・享和句帖・享和3年4月，1803年）

Re

例の通<ruby>梅<rt>とほり</rt></ruby>の元日いたしけり

〔全集第3巻101頁・七番日記・文化8年1月, 1811年〕

Rei no toori
ume no ganjitsu
itashikeri.

(F)

[Shichiban nikki 1811, in: IGW Bd. 3, S. 101]

Ganjitsu: der erste Tag des Neuen Jahres. Zum Neujahrsschmuck gehören die Torkiefern (*kadomatsu*), die zusammen mit Bambus vor der Haustür aufgestellt werden und zu Kiefer und Bambus gehört auch die Pflaumenblüte (*shōchikubai*), die drei Freunde der kalten Jahreszeit, die als Symbole der Unverzagtheit und Lebenskraft gelten.

    Hinter Torkiefern,
    da schämt es sich seiner selbst,
    mein bescheidenes Haus!

[Bunka Kuchō 1808, in: IGW Bd. 2, S. 419]

So wie's immer war,
mit Pflaumenblüten hab' ich
Neujahr gefeiert.   HH

*

Neujahr gefeiert
hab ich nur mit Pflaumenblüten -
so wie bisher.   EM

Wie stets beging ich
allein mit Pfirsichblüten
heut das Neujahrsfest.   IHG

*
*

Mit Pflaumenblüten
beschenkt ihn Neujahrsmorgen -
Wie reich der Arme!   MG

門松の陰にはづるゝ我家哉   (全集第2巻419頁・文化句帖・文化5年1月, 1808年)

そば時や月のしなのゝ善光寺

〔全集第3巻186頁・七番日記・文化9年8月, 1812年〕

Sobadoki ya
tsuki no Shinano no
Zenkōji.

(H)

〔Shichiban nikki 1812, in: IGW Bd. 3, S. 186〕

Sobadoki: der Buchweizen (*soba*) und die daraus hergestellten Buchweizennudeln sind für die Provinz Shinano ebenso berühmt wie der volle Mond über dem Zenkōji in Nagano. Buchweizennudeln, der volle Mond, der Tempel und die Provinz Shinano bilden eine Assoziationskette.

    Des Landes Merkmal!
    Auf Reisfeldern sogar läßt
    Buchweizen man blüh'n.

〔Hachiban nikki 1821, in: IGW Bd. 4, S. 202〕

Buchweizenzeit ist's!
Vollmond über Shinanos
Zenkōji-Tempel.   HH

    *

Zur Buchweizenzeit
in Shinano - der Mond beim
Zenkōji-Tempel!   EM

Buchweizenzeit : mit
Nudeln, Mond und Zenkōjitempel im
Shinano.   BB

   *
  *

Buchweizenzeit nun.
Augen spiegelnd Mond und
Zenkōji Tempel.   ic

国がらや田にも咲(さか)するそばの花　　〔全集第4巻202頁・風間本八番日記・文政4年9月, 1821年〕

つくづく*と鳴〻我を見る夕べ哉

〔全集第5巻57頁・西国紀行・寛政7年1～4月，1795年。原書縦書にて*(∩∨⌒)とあり，宮脇昌三氏の御了解にて(つくづく)と記す〕

(H)

Tsukuzuku to
shigi ware wo miru
yūbe kana.

〔Saigoku kikō 1795, in: IGW Bd. 5, S. 57〕

Der Kiefern Rauschen,
zwischen der Schnepfe und mir
trägt der Wind es hin.
 〔Aus dem Nachlaß, Entstehungsjahrgang unbekannt, in: IGW Bd. 1 S. 527〕

松の風鴫と我との中を吹く 〔全集第1巻527頁・遺橋・成立または採録年不詳〕

Ernst und aufmerksam
schaut sie mich an, die Schnepfe -
welch' ein Abend!   HH

*

Mit warmen Blicken
schaut eine Schnepfe mich an
am stillen Abend.   EL

Am stillen Abend
schaut die Schnepfe zu mir her
und sucht nach Worten.   CHK

*
*

Im Blick des Vogels
lese ich die Botschaften
die er stumm mir schickt   HKH

猫の子のかくれんぼする萩の花

〔全集第3巻333頁・七番日記・文化11年9月, 1814年〕

Neko no ko no
kakurenbo suru
hagi no hana.

(H)

〔Shichiban nikki 1814, in: IGW Bd. 3, S. 333〕

---

hagi: der Süßklee, Lespedeza bicolor var. japonica Nakai.
   Eine Katze schreit
   unterm Süßklee hervor
   ihr Miau, Miau!
     〔Kazamabon Hachiban nikki 1821, in: IGW Bd. 4, S. 195〕

呼猫の萩のうら(から)にゃんにゃん哉
〔全集第4巻195頁・風間本八番日記・文政4年9月, 1821年；原書縦書にて
「ひゃう∨…」〕 ＊原書における補足。

Die Katzenkinder,
Versteck spielen sie unter
des Süßklees Blüten.   HH

    *

Im Süßklee spielen
Verstecken die süßen
possierlichen Kätzchen.   SK

    *
    *

Die Kätzchen spielen
freudig Verstecken im Klee –
Er läßt es geschehn.   MG

Der Süßkleerasen
verrät mit flüchtigem Schalk
die Katzenspiele.   EJ

鳴な雁どっこも同じうき世ぞや
〔全集第3巻176頁・七番日記・文化9年5月，1812年；実作・文化10年9月～10月，1813年〕

Naku na *kari* (H)

dokko mo onaji

ukiyo zo ya.

〔Shichiban nikki 1812, in: IGW Bd. 3, S. 176; Entstehungsjahr ist aber 1813〕

Nun, von heute an
seid ihr Wildgänse Japans!
Schlafet behaglich!

〔Shichiban nikki 1812, in: IGW Bd. 3, S. 186〕

けふからは日本の雁ぞ楽に寝よ

〔全集第3巻186頁・七番日記・文化9年8月，1812年〕

Klagt nicht, Wildgänse!
Überall ist's die gleiche -
vergängliche Welt.   HH

    *

Auch unterm Himmel
spiegelt sich das Jammertal,
weint nicht, ihr Gänse!   CHK

Schreit nicht, Wildgänse,
still! - Überall das gleiche
hier im Jammertal.   EM

    *
    *

Schreet nich, schreet nich,
ji willen Göös. Hier blieft Weehdaag
sik all Johr'n gliek.   JDB

楽々と寝そべてさく菊の花

〔全集第3巻第491頁・七番日記・文化14年8月，1817年。原書縦書にて＊(⚞⚟)とあり，宮脇昌三氏の御了解にて(楽々)と記す〕

(H)

Rakurakuto
nesobette saku
kiku no hana.

〔Shichiban nikki 1817, in : IGW Bd. 3, S. 491〕

Bergchrysanthemen –
ein Sich-Beugen oder so,
das kennen sie nicht.

〔Kazamabon Hachiban nikki 1820, in : IGW Bd. 4, S. 138 ;
Baijinbon Hachiban nikki 1820, in : IGW Bd. 4, S. 279〕

山の菊曲るなんどはしらぬ也

〔全集第4巻138頁・風間本八番日記・文政3年9月，1820年；279頁・梅塵本八番日記・文政3年〕

So ganz gemütlich
lang ausgestreckt blüht sie,
die Chrysantheme.   HH

    *

Leicht an den Boden
gelehnt - nun schwerelos blüht
die Chrysantheme.   AH

    *
    *

Chrysanthemenfrau
ganz behaglich hingestreckt
liegst du hier und träumst.   IHG

Die Chrysantheme
blüht lastloser Gebärde
zwischen Kampf und Fleiß   EJ

むら雀麦わら笛に(を)おどる也

〔全集第3巻243頁・七番日記・文化10年5月，1813年〕

Murasuzume
*mugi*warabue ni
odoru nari.

(S)

〔Shichiban nikki 1813, in: IGW Bd. 3, S. 243〕

Mugiwarabue: eine aus dem Stengel des Weizens oder aus Weizenstroh gefertigte Flöte; auch *mugibue* genannt.

    Erkältet euch nicht!
    Ihr alle, Gerste, Weizen
    und auch du, Hafer!

風引な大麦小麦烏麦

〔Shichiban nikki 1810, in: IGW Bd. 3 S. 51〕
〔全集第3巻51頁・七番日記・文化7年4月，1810年〕

Eine Spatzenschar -
zur Weizenflöte tanzt sie
den lust'gen Reigen.   HH
    *

        Zur Melodie des
Winds im Weizenstroh vorm Dorf
      der Spatzenvolkstanz

                                                                     HS

Rauschen des Windes -
Flötenklang im Weizenfeld
Dorfspatzen tanzen.   SS
    *
    *

Dorfspatzenreigen -
des Windes Weizenweise
lädt zum Tanze ein.   SS

卯の花や子供の作る土だんご

〔全集第4巻161頁：風間本八番日記・文政4年4月；297頁・梅塵本八番日記＊（うの花…），1821年〕

*Unohana ya
kodomo no tsukuru
tsuchidango.*

(S)

〔Kazamabon Hachiban nikki 1821, in: IGW Bd. 4, S. 161;
Baijinbon Hachiban nikki 1821, in: IGW Bd. 4, S. 297〕

U no hana (auch *uzukibana*): die Deutzie (Deutzia scabra, Thunb. oder D. crenata var. angustifolia). *Tsuchidango*: aus Erde geknetete Klöße; hier wohl ein einfaches Kinderspiel. In der Edo-Zeit wurden dort im Schrein des Kasamori Inari von Leuten, die an Geschlechtskrankheiten litten, mit der Fürbitte um Heilung Erdklöße dargebracht und nach der Heilung Reisklöße.

       Deutzienblüten!
       Die Kinder geh'n des Frosches
       Grabstatt besuchen.

〔Bunsei Kuchō 1825, in: IGW Bd. 4, S. 536〕

Deutzienblüten!
Und von Kindern geformte
erdene Klöße.   HH

          *

Die Kinder formen
Kugeln aus Wasser und Sand -
Deutzien blühen.   SS

De Kinnings upn Plats
mog Kaukn ut Water und Sand -
de Deutzien blöt.   SS

          *
          *

Deutzien duften -
und fröhlich backen Kinder
Sandkistenkuchen.   SS

卯の花や子らが形ガ蛙の墓参　　　〔全集第4巻536頁・文政句帖・文政8年4月，1825年〕

井(戸)替へて石の上なる御神酒哉
〔全集第4巻377頁・文政句帖・文政5年6月，1822年．＊底本における脱字が全集で補われた〕

Ido kaete
ishi no ue naru
omiki kana.

(S)

〔Bunsei Kuchō 1822, in : IGW Bd. 4, S. 377〕

Idogae: die Brunnenreinigung erfolgte im 6. Monat des alten Kalenders. Um das Brunnenwasser zu reinigen wurde der Brunnen leergeschöpft und der auf den Boden gesunkene Schmutz entfernt. *Omiki*: der als Opfergabe der Brunnen- oder Wassergottheit dargebrachte Reiswein.

    Ein Weilchen Pause,
    so um den Brunnen herum
    bei den Gesprächen.

〔Bunsei Kuchō 1822, in : IGW Bd. 4, S. 377〕

Beim Wasserwechsel -
auf dem Stein am Brunnen steht
geweihter Reiswein.   HH

    *

Wasserwechsel heut' -
vor dem Brunnen aufgestellt
der geweihte Wein.   SS

    *
    *

Auf dem Brunnenrand
der Krug mit Wein. In der Tiefe
das frische Wasser.   FF

Ol water ward nie
dat dar in den Sot rin flot -
hillig Win daför.   SS

一休み井戸のそこ(か)ら吐かな　　〔全集第4巻377頁・文政句帖・文政5年6月，1822年〕
    *原書における補足。

野分して見事に暮るる焚火かな

〔荻原井泉水「一茶俳句集」(岩波文庫，1979年第41刷114頁) 文化13年，1816年〕

Nowaki shite :
migoto ni kururu
takibi kana.

(H)

[in : Ogiwara Seisensui, Hg. : Issa Haikushū. Iwanamibunko 1979,
S. 114 ; man vermutet zwar, daß das *haiku* im Jahre 1816
gedichtet wurde, Belege dafür sind bis jetzt nicht gefunden]

---

nowaki : der Herbststurm in Japan.
　　　　Ost, West, Süd und Nord
　　　　wirbelt er durcheinander-
　　　　der Nowaki-Wind.

[Kansei Kuchō 1792, in : IGW Bd. 2, S. 53]

東西南北吹き交ぜ吹き交ぜ野分哉

〔全集第2巻53頁・寛政句帖・寛政4年，1792年；原書縦書にて「をひかしにし…」〕

Heftig der Herbstwind-
hell aufleuchtend verloorn
die Feldfeuer.   HH

*

Der Rauch von Acker-
feuern zieht im Spötherbstwind
in das Abendrot.   SK

Hell in'n Harwstwind
gleiht dat Kartüffelfüer,
heller de Abendsünn.   JDB

*
*

Feuerschein im Herbst
färbt rosig den Horizont
den bald schon Schnee bleicht   HKH

おゝさうじゃ逃るがかちぞ其螢
(ぢ)　　　　　　　(やよ)

Oo sō ja
nigeru ga kachi zo
sono *hotaru*.

〔全集第6巻444頁・句稿消息・文化9年12月より同13年4月(推定)1812-1816？ローマ字表記に(…その螢)をとる〕
(S)

[Kukō shōsoku 1812-1816？ in: IGW Bd. 6, S. 444]

おゝさうじゃ逃るがゝちぞ蛬
(ぢ)　　(勝)　(きりぎりす)

〔全集第3巻433頁・七番日記・文化13年7月, 1816年；上掲句の次に並べ置かれる(…秋のへゝゝ)〕
(H)

Oo sō ja
nigeru ga kachi zo
kirigirisu

[Shichiban nikki 1816, in: IGW Bd. 3, S. 433; IGW Bd. 6, S.444 - nach der oben angegebenen *hotaru*-Fassung gegeben]

Kirigirisu: die Feldgrille, das Feldheimchen (Gampsocleis buergeri), auch *Kōrogi*, die den Menschen durch ihr feines Zirpen erfreut. Die Grillen werden, ebenso wie die Leuchtkäfer (*hotaru*), gefangen und im Hause in kleinen Bambuskäfigen gehalten.

　　　Die Zirpegrille -
　　　　mit großem Geschick dem Käfig

Wahrhaftig, so ist's -
Fliehen ist hier die Rettung,
ihr Zirpegrillen!   HH

    *

Leuchtkäfer
ihr - gewiß : Fliehen
ist Gewinn.   BB

Ja, flieht nur, flieht nur! -
Die Flucht ist euer Gewinn,
ihr Leuchtkäferchen!   MG

    *
    *

Ein Sommerabend -
vor meinem schönen Fächer
flieht, Leuchtkäferchen!   GHR

---

ist sie entkommen.
〔Shichiban nikki 1815, in : IGW Bd. 3, S. 380〕
蟋(きりぎりす)まんまと寵を出たりけり　（全集第3巻381頁・七番日記・文化12年8月, 1815年）

Die Übersetzung von Hammitzsch bezieht sich auf die *kirigirisu*-Fassung, die anderen Nachschöpfungen auf die *hotaru*-Fassung.

草の葉にかくれんぼする蛙哉*

〔全集第3巻217頁・七番日記・文化10年2月，1813年；
357頁・七番日記・文化12年2月*（……かな），1815年〕
（F）

Kusa no ha ni
kakurenbo suru
kaeru kana.

〔Shichiban nikki 1813, in: IGW Bd. 3, S. 217,
Shichiban nikki 1815, in: IGW Bd. 3, S. 357 mit Textvariante〕

Vom leeren Geschwätz
nichts, überhaupt nichts hält es,
das kleine Fröschlein.

〔Shichiban nikki 1813, in: IGW Bd. 3, S. 217〕

むだ口は一ッも明ぬ蛙哉

〔全集第3巻217頁・七番日記・文化10年2月，1813年〕

Unter Grashalmen
Verstecken spielen sie da,
die kleinen Fröschlein. HH

*

Zwischen den Gräsern
spielen die Frösche vergnügt
ihr Versteckenspiel. EL

Unter den Gräsern
spielen die Frösche munter
„Hasch-mich-den-Blinden". EJ

*
*

Gräser lauschen dem
Spiel der Frösche und wissen
ihr Geheimnis ganz - JJL

痩蛙まけるな一茶是に有
〔全集第3巻81頁・七番日記・文化7年8月, 1810年 ; 417頁・七番日記・文化13年3月, 1816年〕

Yasegaeru
makeruna Issa
kore ni ari.

(F)

[Shichiban nikki 1810, in : IGW Bd. 3, S. 81 ;
Shichiban nikki 1816, in : IGW Bd. 3, S. 417]

Im *Shichiban nikki* (1810 und 1816) steht einführend vor dem *haiku*: „Ich habe mich hinbegeben, um einen Frosch-Streit zu sehen, der am 20. Tage des 4. Monats stattfand."

    In den Grasschatten
    hat sich auch die Froschmadam
    zurückgezogen.

[Shichiban nikki 1812, in : IGW Bd. 3, S. 149]

Du magres Fröschlein,
laß dich nicht unterkriegen!
Issa ist ja hier.   HH

  *

Nur nicht aufgeben,
dünner brauner Frosch,
Issa steht dir bei!   ED

Dünne Frosch, los',
gib jo niemeren noch!   dr
Issa isch by dr.   BB

  *
  *

Geev nich, geev nich na,
dünnbeent verhairaat Pugg!
Issa steiht di bi.   JDB

草陰に蛙の妻もこもりけり　　　　〔全集第3巻149頁・七番日記・文化9年2月, 1812年〕

又も来よ膝をかさうぞきりぎりす*

〔全集第3巻185頁・七番日記・文化9年7月, 1812年。原書縦書にて
*（ ）とあり，宮脇昌三氏の御了解にて（きりぎりす）と記す〕

(H)

Mata mo koyo
hiza wo kasō zo
kirigirisu.

[Shichiban nikki 1812, in: IGW Bd. 3, S. 185]

Den Menschen liebend,
besucht ihn die Feldgrille
Abend für Abend ...

[Bunsei Kuchō 1825, in: IGW Bd. 4, S. 561]

人したひけり蛬（きりぎりす）一夜ヅゝ

（全集第4巻56頁・文政句帖・文政8年9月, 1825年）

Komm' wieder zu mir!
Nimm meinen Schoß in Besitz,
du kleines Heimchen!   HH

      *

    *
  *

Flyssigi Grille,
chumm doch wider! I lehn dr
gärn mis Chneu.   BB

Kimm wieda za mia,
kloana Grüll! Af meini Knia
houst Plotz gmua, wannst mo(g)st.   EL

    Ach, Grille, kämst du
wieder, würde sich mein Schoß
        dir öffnen, klaglos   HS

見物に地蔵も並ぶ(を)おどり哉

〔全集第4巻445頁・文政句帖・文政6年7月, 1823年〕

Kenbutsu ni
Jizō mo narabu
odori kana.

(H)

〔Bunsei Kuchō 1823, in: IGW Bd. 4, S. 445〕

Jizō Bosatsu (sk. Ksitigarbha Bodhisattva): die Schutzgottheit der Reisenden, der Schwangeren und der Kinder, aber auch der Beschützer der Feldfrüchte. Sein Standbild findet sich oft an Straßenrändern und Dörfern.

     Erlauchter Jizō!
     Fest hält er in der Hand
     die Wiesenblumen.

〔Bunsei Kuchō 1825, in: IGW Bd. 4, S. 563〕

Bei den Zuschauern
sitzt auch Jizō, die Gottheit —
Tanz ist im Dorfe.   HH

    *

Wird im Dorf getanzt,
sitzt unter den Zuschauern
auch Ksitigarbha.   MG

O tanzendes Dorf!
Heiliger Ksitigarbha
fröhlich inmitten —   RJK

    *
    *

Auch Ksitigarbha
schaut beim Tanze zu. Wünsche
werden nun erfüllt!   AH

御地蔵や握(にぎっ)てござる草の花　　　〔全集第4巻563頁・文政句帖・文政8年9月, 1825年〕

ふんどしに笛つゝさして星迎

〔全集第3巻320頁・七番日記・文化11年7月,1814年〕

Fundoshi ni
fue tsussashite
hoshimukae.

(H)

[Shichiban nikki 1814, in: IGW Bd. 3, S. 320]

Fundoshi: das etwa sechs Fuß lange Lendentuch aus Baumwolle, das den Knaben bei der Reifefeier erstmals angelegt wird. *Hoshimukae*, das am 7. Tag des 7. Monats begangene Sternfest (*tanabata-matsuri*), das bereits im 8. Jahrhundert aus China übernommen wurde. In der Nacht des siebten Tages kamen alljährlich die himmlische Weberin (Vega im Sternbild Lyra) und der Kuhhirt (Altair im Sternbild Aquila) an der Milchstraße zusammen. Eine aus China überlieferte Sage der beiden Liebenden.

      Nur im Lendentuch
      den Reiswein hat er geweiht,
      der Sumō-Kämpfer.

[Bunsei Kuchō 1824, in: IGW Bd. 4, S. 511]

In das Lendentuch
hineingesteckt die Flöte -
Willkomm' der Sterne.   HH

    *

       Die Flöte in den
Lendenschurz gesteckt, begrüßt
      das Kind die Sterne   HS

    *
    *

Nun habt ihr den Schurz,
eure Pfeife grüßt mit mir
die Abendsterne.   CHK

Im Lendenschurz steckt
die Flöte - über dem Kind
die hellen Sterne.   JJL

ふんどしに御酒を上げけり角力取(すまふとり)　　〔全集第4巻511頁・文政句帖・文政7年11月, 1824年〕

Tanabata-Fest!
Liebliche Kinder hat dann
selbst das ärmste Dorf.

〔Kuchō utsushi 1826–1827, in: IGW Bd. 4, S. 579〕

七夕やよい子持て〈:た〉る乞食(こじき)村　　〔全集第4巻579頁・文政9・10年句帖写, 1826～1827年〕

是がまあつひの栖(すみか)か雪五尺

Kore ga mā
tsui no sumika ka
yuki goshaku.

〔全集第3巻203頁・七番日記・文化9年11月，1812年〕

(W)

[Shichiban nikki 1812, in: IGW Bd. 3, S. 203]

Draußen fällt der Schnee,
drinnen des Brennholzes Ruß –
so ist es, mein Haus!

外は雪内は煤ふる栖(すみか)かな

[Kansei Kuchō 1792, in: IGW Bd. 2, S. 56]
〔全集第2巻56頁・寛政句帖・寛政4年，1792年〕

Ach, dieses Haus nun,
das meine letzte Wohnstatt!
Fünf Fuß hoch der Schnee -   HH

    *

   *
  *

Bald haushoch Schnee
Lebenslang meinen Wohnort
gesucht.   Den letzten.   ic

Zuletzt ein eignes
Dach überm Kopf - hier aber
klaftertiefer Schnee.   JU

Gealtert, allein,
im Schneeland, sehend den Tod,
trag ich der Welt Leid.   PC

縁はなや上手に曲る蝸牛

〔全集第6巻394頁・文虎あて書簡および雉蝙あて書簡・文政4年5月, 1821年〕

Enhana ya
jōzuni magaru
katatsumuri.

(s)

[Briefe an seine Schüler Bunko und an Chihen 1821, in: IGW Bd. 6, S. 394]

Die Reisigpforte!
An der Stelle des Schlosses
die kleine Schnecke.

[Shichiban nikki 1815, in: IGW Bd. 1, S. 386]

柴門(しばのと)や錠(ぢやう)のかはりの蝸牛(かたつぶり)

〔全集第1巻386頁・七番日記・文化12年, 1815年〕

Des Korridors Rand!
Doch gewandt umrundet ihn
die kleine Schnecke.   HH

   *

Auf der Veranda
folgt dem Winkel am Rande
mühlos die Schnecke.   JU

   *
   *

Dies Schnecklein umkriecht
leicht das Stück, das hervorspringt.
Wenn ICH das müßte!   IHG

Unbelehrbar biegt
die Schnecke um die Ecke
des Blütenaltans.   EJ

手<ruby>盥<rt>だらひ</rt></ruby>に魚遊ばせて更衣

〔全集第3巻419頁・七番日記・文化13年4月, 1816年〕

Tedarai ni
uo asobasete
koromogae.

(S)

[Shichiban nikki 1816, in: IGW Bd. 3, S. 419]

Das springend' Fischlein,
denkt's dabei an den Bottich -
hat's ihn vergessen!?

[Kazamabon Hachiban nikki 1819, in: IGW Bd. 4, S. 61;
Baijinbon Hachiban nikki 1819, in: IGW Bd. 4, S. 246]

お〈：を〉どる魚桶とおもふやおもはぬや

〔全集第4巻61頁・風間本八番日記・文政2年6月, 1819年：246頁・梅塵本八番日記・文政2年〕

In der Waschschüssel
Fische läßt sie schwimmen -
beim Kleiderwechsel.   HH

    *

Fische spielen in
der Wanne in dem Wasser -
der Kleiderwechsel.   BL

    *
    *

Zum Sommer erblühn
neu die Kimonos - im Schaff
spielen die Fische.   JU

Neu das Kleid wie das
Spiel der Fische im Wasser
und schillernd im Licht.   JJL

秋風や手染手をりの小ふり袖
(お)　　(振)

〔全集第2巻228頁・文化句帖・文化元年8月,1804年〕

Akikaze ya
tezome teori no
kofurisode.

(H)

[Bunka Kuchō 1804, in: IGW Bd. 2, S. 228]

An der Wallfahrt Ziel,
auch da weht nur der Herbstwind!
Kleine Pilgerin.

[Shichiban nikki 1813, in: IGW Bd. 3, S. 262]

行先も只秋風ぞ小順礼

〔全集第3巻262頁・七番日記・文化10年9月,1813年〕

Der Wind des Herbstes!
Handgefärbt und handgewebt,
kleine Langärmel.   HH

    *

Am handgemachten
Kimono bauscht der Herbstwind
die langen Ärmel.   IL

Laat kommen den Harwst:
bunt weiht un breet de Kimono,
von Hand wevt un farwt.   JDB

    *
    *

Der Wind des Herbstes
hüllt sich in einen Mantel
aus toten Blättern   HKH

さくら葉もちらりちらり*や鮎さびる

〔全集第4巻498頁・文政句帖・文政7年閏8月，1824年。原書縦書にて
*（ちらり〲）とあり，宮脇昌三氏の御了解にて（ちらりちらり）と記す〕

(H)

Sakuraba mo
chirari chirari ya
ayu sabiru.

〔Bunsei Kuchō 1824, in: IGW Bd. 4, S. 498〕

Ayu: die Bachforelle (Plecoglossus altivelis) zeigt in der Regenzeit auf den Rücken eine Rostfarbe;
daher auch *sabiayu*, *shibuayu* oder *ochiayu* genannt.
    Beim Menschen gleicht das
    dem blühenden Vierzigern!
    Forellen-Rostbraun.

〔Bunsei Kuchō 1824, in: IGW Bd. 4, S. 498〕

Auch die Kirschblätter
fallen, aufleuchtend, herab!
Rostbraun die Forelle.   HH

   *

Kirschblätter flattern
in den Bach. Rostrot rücklängs
auch die Forelle.   IHG

   *
   *

Forelle im Bach,
rostbraun ist schon ihr Rücken.
Die Kirschblätter fallen.   FF

Voi kirschbladln
des Baschal. Söbst die Furön
hod an rodn Bugl.   ED

人ならば四十盛（さかり）ぞ（鮎さびる）*
〔全集第4巻498頁・文政句帖・文政7年間8月，1824年〕 *原書における補足。

木曾山に流入(ながれいり)けり天の川

〔全集第3巻・七番日記547頁・文化15年7月, 1818年〕

Kisozan ni
nagareirikeri
amanogawa.

(H)

[Shichiban nikki 1818, in: IGW Bd. 3, S. 547]

Amanogawa: der Himelsfluß, die Milchstraße; auch *ginga*: Silberfluß oder *seika*: Sternenfluß.
　　　　　Mit der Weinschale
　　　　　trinken, trinken wir ihn aus,
　　　　　den himmlischen Fluß.

[Bunsei ku・jū nen Kuchōutsushi 1826
—1827, in: IGW Bd. 4, S. 579]

盃に呑んで仕廻(しま)ふや天の川　　〔全集第4巻579頁・文政9・10年句帖写・文政9年, 1826～1827年〕

In den Kiso-Berg
hinein ergießt seine Flut
der Himmlische Fluß.   HH

    *

Die Milchstraße gießt
ihre ganze Sternenflut
in den Kiso-Berg.   EJ

Vom Himmel schlängelt
Silbern sich ein Fluß bis hin
Zum Berge Kiso.   EW

    *
   *

   Unendlichkeiten,
am Kiso-Berg verrinnend.
   Wann kommt ihr wieder?   HPS

行春の町やかさ売すだれ売

〔全集第2巻50頁・寛政句帖・寛政4年，1792年〕

Yukuharu no
machi ya kasauri
sudareuri.

(F)

[Kansei Kuchō 1792, in: IGW Bd. 2, S. 50]

Kasa-, sudare-uri: Bambushut-, Bambusvorhang-Verkäufer. Am 26. Tag des 3. Monats im 4. Jahre Kansei (1792) hatte Issa Edo verlassen und sich auf eine Wanderfahrt in das Kansai-Gebiet, also die Gegend von Kyōto, Ōsaka und Kōbe, begeben. Es bleibt unsicher, ob er die Szene noch in Edo oder aber vielleicht in einer der Poststationen der Ostmeerstraße (Tōkaidō) erlebt hat.

> Die Gräser rauschen,
> der Bambusvorhang weht
> raschelnd im Winde.

[Shichiban nikki 1810, in: IGW Bd. 3, S.46]

Am Frühlingsende
die Stadt! Händler mit Hüten,
Bambusvorhängen.   HH

   *

Roopen Hannelslüüd:
Bambusvörhäng! Bambushoot!
Fröhjohr geiht to End.   JDB

   *
   *

Bambusvorhänge!
Sie rufen den Sommer aus,
die Stadtverkäufer.   CC

Feilbieten Händler
Bambushüte und Geflecht
In lauten Straßen.   EW

草そよそよ簾(すだれ)のそよりそより哉   〔全集第3巻46頁・七番日記・文政7年4月, 1810年〕

名月を取(と)てくれろとなく子哉

〔全集第6巻149頁・おらが春・文政2年・成稿同3年，1820年；449頁・句稿消息・文化9〜13年(推定)，1812-1816年(…泣子哉)〕

Meigetsu wo
totte kurero to
naku ko kana.

(H)

[Ora ga haru 1820, in: IGW Bd. 6, S. 149; Kukō shōsoku 1812-1816?, in: IGW Bd. 6, S. 449]

Meigetsu: der Vollmond am 15. Tage des 8. Monats des alten Kalenders ist ein Lieblingsthema der apanischen Poesie.

    Klarer, voller Mond!
    Um den Teich wandele ich
    die ganze Nacht lang.

                              Bashō

名月や池をめぐりて夜もすがら 芭蕉
〔『孤松』(ひとつまつ)，『泊船集』所載，1686年または以前作，加藤楸邨全集(講談社・昭和55年・1980年)第10巻334頁参照〕

Den vollrunden Mond,
nimm ihn doch, gib ihn mir her,
so weinte das Kind.   HH
    *

Es weinte das Kind:
„Hol ihn bitte herunter
zu mir, den Vollmond!"   BB

Das da hol mir doch -
so groß, so weiß da oben.
ein Kind weint.   Vollmond.   BL
    *
    *

Mond, Wächter der Nacht,
zum Spielen, ach, unerreichbar!
Hilfloses Kindsein!   HPS

Abend-Platzregen!
Noch dazu am Fünfzehnten
des achten Monats.

夕立やしかも八月十五日

〔Bunsei Kuchō 1823, in: IGW Bd. 4, S. 446〕
〔全集第4巻446頁・文政句帖・文政6年7月，1823年〕

簔虫や梅に下るはかれが役

〔全集第2巻569頁・文化3〜8年句日記写, 1806-1811年〕

Minomushi ya
ume ni sagaru wa
kare ga yaku.

(H)

[Kunikki utsushi 1806-1811, in: IGW Bd. 2, S. 569]

Minomushi: Bezeichnung verschiedener Raupenarten, die sich als Schutz aus abgefallenen Nadeln oder Rindenstückchen eine Hülle kleben, die sie mit einem Deckel von innen her verschließen können. Hier handelt es sich wohl um die Raupe des Falters Canephora asiatica Staudinger, der zur Familie der Psychidae gehört (Sack-, Mantelträger, Korbwurm).
Mino: eigentlich der aus Stroh oder Rindenfasern gefertigte Regenumhang der Bauern.

       Dein Sackträgerdasein
       hast du's hiermit beendet?
       Falter, der du fliegst.

Der Mantelträger!
Am Pflaumenzweig zu hängen,
das ist seine Pflicht.   HH
    *

vom pflaumenzweiglein
baumelt der kleine schädling
das ist sein Leben   KLW
    *
    *

Nichts anders zu tun?
Vom Zweig des Pflaumenbaumes
hängt der Sackträger.   FR

Des Falters Tagwerk
hängt sich unter die Blüten
an denselben Ast.   EJ

〔Shichiban nikki 1810, in, IGW Bd. 3, S. 28〕

蓑虫(みのむし)はそれで終かとぶ小蝶　　（全集第3巻28頁・七番日記・文化7年1月，1810年）

しばらく(は)湖一ぱいの玉火かな

〔全集第5巻45頁・西国紀行・寛政7年，1795年。＊底本における脱字が全集で補われた。荻原井泉水「一茶俳句集」(岩波文庫，1979年第41刷118頁)＊＊(花火)〕

(H)

Shibaraku wa
umi ippai no
tamabi kana.

〔Saigoku kikō 1795, in: IGW Bd. 5, S. 45〕

Tamabi, hanabi: Feuerwerk. Seit dem 16. Jahrhundert wurde das Feuerwerk in Japan immer beliebter und war im 17. Jahrhundert so in Mode, daß es geradezu ein Jahresfest wurde.
    Im Laufe der Zeit
    auch die Feuerwerkskörper
    gigantisch groß!

〔Shichiban nikki 1814, in: IGW Bd. 3, S. 324〕

Eine Weile nur –
des Sees Spiegel ein einzig
Feuerwerksfunkeln.   HH

    *

   *
  *

Sprühende Farben
über und auf dem Wasser
für eine Weile.   FR

buntes gewitter:
die lichter des feuerwerks
bedecken den see   KLW

Der See leuchtet auf
Wie das Auge des Riesen
der die Erde trägt   HKH

世につれて花火の玉も大きいぞ　　　　（全集第3巻324頁・七番日記・文化11年7月，1814年）

ゑ
いんま大王と口あくざくろ哉

〔全集第4巻205頁・風間本八番日記・文政4年9月, 1821年〕

えんまだいわう
熖魔大王と口を明くざくろ哉

〔全集第4巻316頁・梅塵本八番日記・文政4年, 1821年〕-ローマ字表記にこれをとる。〕

**Enma Daiō to
kuchi wo aku
zakuro kana.**

(H)

[Kazamabon Hachiban nikki 1821, in: IGW Bd. 4, S. 205 ; die Transkription
folgt Baijinbon Hachiban nikki 1821, in: IGW Bd, 4, S. 316]

Enma Daiō: der König der Unterwelt (sk. Yamarāja).   *Zakuro*: der Granatapfel (Punica granatum).
　　　　　　Sein rotes Maul
　　　　erstaunt hat aufgerissen,
　　　　der Granatapfel.

〔Kazamabon Hachiban nikki 1821, in: IGW Bd. 4, S. 205 ;
Baijinbon Hachiban nikki 1821, in: IGW Bd. 4, S. 306〕

Wie der Höllenfürst,
so reißt er weit auf sein Maul,
der Granatapfel.   HH

    *

Sieh hin, wie Enma
den Mund aufreißt! So tut's auch
der Granatapfel.   FR

Der Granatapfel
öffnet wie ein Höllenschlund
ganz weit seinen Mund –   RJK

    *
    *

„Ich bin Enma, sieh!"
Sein Maul reißt er da so auf,
der Granatapfel.   HaS

紅の舌をまいたるざくろ哉
〔全集第4巻205頁・風間本八番日記・文政4年9月, 1821年；306頁・梅塵本八番日記
・文政4年〕

一二三四と薪よむ声や秋の暮
(ひ ふ み よ)

〔全集第3巻552頁・七番日記・文化15年8月，1818年〕

Hi fu mi yo to
maki yomu koe ya
akinokure.

(H)

[Shichiban nikki 1818, in: IGW Bd. 3, S. 552]

Aki no kure: der Herbstabend (auch *aki no yūbe* oder *aki no yūgure*), das Herbstende; ein im *haiku* häufig gebrauchter Ausdruck.

　　　Ein stillstehend Pferd!
　　　Worüber lacht es denn da
　　　- am Herbstabend.

[Kazamabon Hachiban nikki 1821, in: IGW Bd. 4, S. 181;
Baijinbon Hachiban nikki 1821, in: IGW Bd. 4, S. 316]

„Eins, zwei, drei und vier",
jemand beim Brennholz zählen.
Der Herbst klingt nun aus.   HH

    *

horch! eins, zwei, drei, vier ...
zählt die stimme brennholz nach
kühler herbstabend   KLW

Herbstabend.   Brennholz
sägen.   Fröstelnde Stimme:
„eins, zwei, drei, vier, fünf ..."   HSN

    *
  *

Sauwa schbot wirz scho.
Oans, zwoa, drei, vier ... hear i di
nu Brenscheida zööhn.   IL

　　立馬は何を笑(わらふ)ぞ秋の暮
　　〔全集第4巻181頁・風間本八番日記・文政4年7月, 1821年:316頁・梅塵本八番日記
　　・文政4年〕

餅つきや今それがしも故郷入(こきゃういり)

〔全集第3巻203頁・七番日記・文化9年11月, 1812年〕

Mochitsuki ya
ima soregashi mo
kokyōiri.

(W)

[Shichiban nikki 1812, in : IGW Bd. 3, S. 203]

Mochitsuki : das Herstellen von Reiskuchen, die aus gekochtem Klebereis, der in einem Mörser aus Stein oder Holz mit einem Stampfer bearbeitet wird, geformt werden. Sie dienen sowohl als Opfergaben (*kagamimochi*) als auch als Mahlzeit am Neujahrstag.

Klebereisstampfen!
In den Mörser gesteckt sie,
die Pflaumenblüte.

[Issa Jihitsu Kushū, Entstehungsjahr unbekannt, in : IGW Bd. 5, S. 186]

Klebereisstampfen!
Auch ich kehre jetzt zurück
in mein Heimatdorf.   HH

    *

Zum Jahresende
stampft man Klebereiskuchen -
Heimat, dein Ruf lockt!   SS

Los zua! Da Stompfa stompft:
Reiskropfn - Neijoah wirds!
Hiaz gehts hoam, jo hiaz!   KK

    *
    *

Reiskuchendüfte,
vertraut! Tage der Kindheit?
Ich bin zu Hause!   HPS

---

     *
（餅つき）や臼にさしたる梅の花　　　（全集第5巻186頁・一茶自筆句集・成立年不詳）
　　　　　　　　　　　　　　　　　　　　*原書における補足。

せゝなぎや氷を走る炊(かし)ぎ水

〔全集第2巻67頁・寛政句帖・寛政6年，1794年〕

Sesenagi ya
kōri wo hashiru
kashigimizu.

(W)

[Kansei kuchō 1794, in: IGW Bd. 2, S. 67]

Kōri: das Eis. In diesem Jahr, es war das 6. Jahr Kansei (1794), war Issa im südlichen Japan unterwegs.

        Ein furchterregend
        Weidenzweig, so schaut er aus,
        der Eiszapfen!

[Kansei Kuchō 1794, in: IGW Bd. 2, S. 67]

Die Gossenrinne!
Über das Eis läuft dahin
das Reiswaschwasser.   HH

   *

  *
  *

Frau, Reis waschend in
halb zugefrorner Gosse,
daß die Kleie flutscht.   HS

Iwas Eis im Rinnstoa
midn Reiswoschwossa
schiaßt de Kleim.   KK

Geisterbäume im Geisterwald –
so friert das Wasser
am Wassertrog.   PL

おそろしき柳となりて垂氷（たるい）哉　　〔全集第２巻67頁・寛政句帖・寛政６年，1794年〕

雀の子そこはのけのけ御馬が通る

〔全集第4巻39頁・風間本八番日記・文政2年2月，1819年。＊原書(そこのけ ……)，ローマ字表記においては宮脇昌三氏の御指示にて，一茶がのち変更をくわえかつ一般に知られるようになった(そこのけそこのけ……)をとる〕

Suzume no ko (F)
soko noke soko noke
ouma ga tōru.

[Kazamabon Hachiban nikki 1819, in: IGW Bd. 4, S. 39]

Hier handelt es sich zuerst wohl um ein Pferd vor einem Karren oder um ein Bauernpferd, darauf deuten auch andere *haiku* hin, z. B.

        Seithalb den Reiter,
        Zieht heimwärts Pferd auf Pferd -
        Nachtlied der Lerche.

[Kazamabon Hachiban nikki 1819, in: IGW Bd. 4 S. 42]
横のりの馬のつゞくや夕雲雀　　　〔本書32頁参照〕

das ein Bild von Leuten, die von der Arbeit heimkehren, zeichnet. Eine weniger unterstützte Interpretation läßt das Pferd im *haiku* als ein Pferd in einer Fürstenprozession (*Daimyōgyōretsu*) gelten; eine dritte sieht das Pferd als ein Steckenpferd der Kinder. Das Mitgefühl mit der Kreatur drückt sich auch in anderen *haiku* von Issa aus,

Du Spatzenkindlein,
aus dem Weg da, aus dem Weg!
Ein Pferd kommt vorbei.   HH

    *

Weg, Spatzenkind, weg!
Aus dem weg! Ein Roß!
Ein Roß donnert vorbei -   KK

Ksch, Spotznkind, ksch!
Moch Ploz - a Roß!
A Roß dunnat voabei -   KK

    *
    *

Flui weig, kloana Spotz,
sist is am di gschegn! A Rouß!
A Rouß kimp dahea!   EL

Das da ist ein Pferd,
ein Pferd ist das! So schilpt sie,
die Spatzenmutter.
〔Shichiban nikki 1818, in: IGW Bd. 3, S. 528〕

それ馬が馬がとやいふ親雀
〔全集第3巻528頁・七番日記・文化15年3月, 1818年；原書縦書にて「㐧や\⋯」〕

He, du Schmetterling!
Nimm Reissaus von da, fliehe!
Das heiße Bad spritzt.
〔Shichiban nikki 1816, in: IGW Bd. 3 S. 415〕

やよや蝶そこのけそこのけ湯がはねる
〔全集第3巻415頁・七番日記・文化13年3月, 1816年；原書縦書にて「ゃゃや①ヽ⋯」〕

団栗の寝ん寝*ころりころり**哉

〔全集第4巻77頁・風間本八番日記・文政2年9月。原書縦書にて＊(鰺ミン)とあり，また＊＊(ｒﾉﾍｼ)とある，宮脇昌三氏の御了解にてそれぞれ（寝ん寝ん），（ころりころり）と記す。；250頁・梅塵本八番日記（……ぐミンｒﾉﾍｼ……）・文政2年，1819年〕
(H)

Donguri no nennen korori korori kana.

〔Kazamabon Hachiban nikki 1819, in : IGW Bd. 4, S. 77 ;
Baijinbon Hachiban nikki 1819, in : IGW Bd. 4, S. 250〕

Die Eicheln fallen,
fallen, kullern und rollen …
wie das Kind es will.

〔Baijinbon Hachiban nikki 1821, in : IGW Bd. 4, S. 319〕

団（どん）ぐりやころり子供のふなりに　〔全集第4巻319頁・梅塵本八番日記・文政4年，1821年〕

Der Eiche Früchte,
in den Schlaf hinein rollen,
rollen, rollen sie ...   HH

      *

Horch' - die Eicheln ! Nun
fallen, fallen, rollen sie
- bis in meinen Traum.   EHR

pitt - patt - Eicheln roll'n
und rollen. Mausgeraschel.
Tagtraum der Eule.   IHG

     *
    *

Die Eicheln kullern.
Eulen rollen die Augen:
„Es kullern Eicheln!"   KT

Kleine Issa-Bibliothek für Japanologen

Kazuhiko Maruyama

I. 全集・選集

1. 俳諧寺社中（校） ：一茶発句集（文政版），2冊.
   信州俳諧寺門従蔵板（文政12年刊，1829年刊）；長野仁竜堂版の後刷り本あり.
2. 同上 ：改題再版「一茶句集」（博文館・明治36年，1903年）.
3. 同上 ：日本名著全集「俳文俳句集」一茶叢書「小編三十種下」などに翻刻.
4. 其一庵宋鵄 ：一茶発句鈔追加（稿本）（天保4年成，1833年成）.
5. 同上 ：栗生純夫著「一茶新考」（西沢書店・大正15年，1926年）などに翻刻.
6. 大川斗囿 ：俳諧寺一茶翁文通（写本）（天保年間成，1830～1843年成）.
7. 同上 ：勝峰晋風（編）「新撰一茶全集」（町田書店・大正10年，1921年）などに翻刻.
8. 高梨一具・嗽芳庵墨芳 ：一茶発句集（嘉永版），2冊.
   江戸山城屋佐兵衛等板（嘉永元年刊，1848年刊）.
9. 同上 ：俳諧文庫「一茶・大江丸全集」，俳諧叢書「名家俳句集」，有朋堂文庫「名家俳句集」などに翻刻.
10. 風間新蔵 ：柏原一茶日記（写本）（嘉永4年成，1851年成）.
    ：一茶八番日記（資文堂・昭和2年，1927年）.
11. 白井一之 ：おらが春，1冊（嘉永5年刊，1852年）.
    ：一茶翁俳諧文集（上掲書の改題再刷）（嘉永7年，1854年）.
    ：おらが春（原名に復す）（明治11年第三刷，1878年）.
12. 経善寺宋鵄 ：一茶翁俳諧歌帖（稿本）（安政2年，1855年）.
13. 岡野知十 ：一茶・大江丸全集（俳諧文庫第11編）（博文館・明治31年，1898年）.

14. 大塚甲山　　　　　　　：一茶俳句全集（内外出版社・明治35年，1902年）．
15. 丸山可秋　　　　　　　：一茶一代全集（又玄堂・明治41年，1908年）．
16. 同上　　　　　　　　　：同（大正堂・大正14年再版，1925年）．
17. 一茶同好会　　　　　　：七番日記（明治43年，1910年）．
18. 同上　　　　　　　　　：同（目黒分店・大正11年再版，1922年）．
19. 俳書堂　　　　　　　　：おらが春（俳書堂・大正5年，1916年）．
20. 中村六郎　　　　　　　：一茶選集（聚英閣・大正10年，1921年．大正14年改版，1925年）．
21. 同上　　　　　　　　　：改題再版一茶俳諧史（浩文社・大正14年，1925年）．
22. 勝峰晋風　　　　　　　：新撰一茶全集（町田書店・大正10年，1921年）．
23. 小池直太郎　　　　　　：一茶日記抄（朝陽館・大正10年，1921年）．
24. 俳句研究会　　　　　　：一茶名句集（精文館・大正10年，1921年）．
25. 束松露香（編）・荻原井泉水（校）
　　　　　　　　　　　　　：一茶遺稿　父の終焉日記（岩波書店・大正11年，1922年）．
26. 勝峰晋風　　　　　　　：一茶旅日記（古今書院・大正13年，1924年）．
27. 同上　　　　　　　　　：一茶七部集（古今書院・大正14年，1925年）．
28. 島田青峰　　　　　　　：一茶選集（春秋社・大正14年，1925年）．
29. 荻原井泉水　　　　　　：一茶文庫，7編（春陽堂・大正14〜昭和2年，1925〜1927年）．
30. 俳禅舎主人　　　　　　：一茶・蕪村名句全集（更生閣・大正15年，1926年）．
31. 湯本五郎治（編）・荻原井泉水（校）
　　　　　　　　　　　　　：一茶遺稿　株番其他（春秋社・大正15年，1926年）．
32. 勝峰晋風　　　　　　　：一茶新集（古今書院・大正15年，1926年）．
33. 同上　　　　　　　　　：一茶発句集（古今書院・大正15年，1926年）．
34. 工藤静波　　　　　　　：季題類別　一茶名句選集（俳諧文庫第2編）（積文館・大正15年，1926年）．
35. 北村倉蔵　　　　　　　：一茶俤集（一茶翁百年法要会・大正15年，1926年）．
36. 吉村源太郎　　　　　　：一茶翁百年祭記念集（一茶翁百年祭記念会・大正15年，1926年）．
37. 信濃教育会　　　　　　：一茶叢書（9篇11冊）（古今書院・大正15〜昭和3年，1926〜1928年）．
38. 相馬御風　　　　　　　：一茶随筆選集（人文会・昭和2年，1927年）．
39. 荻原井泉水　　　　　　：おらが春・我春集（岩波書店・昭和2年，1927年）．
40. 勝峰晋風　　　　　　　：一茶一代集（日本俳書大系第12巻）（春秋社・昭和2年，1927年）．

41. 大久保逸堂・栗生純夫　：一茶八番日記（資文堂・昭和2年，1927年）．
42. 荻原井泉水　　　　　：一茶句集しだら（岩波書店・昭和2年，1927年）．
　　同上　　　　　　　　：希杖本一茶句集（上掲書の改題）を一茶遺稿志多良（岩波書店・昭和12年，1937年）に併載．
43. 大橋裸木　　　　　　：一茶俳句全集（春秋社・昭和4年，1929年）．
44. 藤田豪之輔　　　　　：一茶俳文精選（要註国文定本総聚16）（広文堂・昭和4年，1929年）．
45. 藤村作　　　　　　　：俳文学集（至文堂・昭和4年，1929年）．
46. 荻原井泉水　　　　　：一茶七番日記，2冊（改造文庫），（改造社・昭和6年，1931年）．
47. 同上　　　　　　　　：一茶遺稿　父の終焉日記（岩波文庫）（岩波書店・昭和9年，1934年）．
48. 藤村作　　　　　　　：おらが春（新選近代文学）（栗田書店・昭和10年，1935年）．
49. 荻原井泉水　　　　　：新編一茶俳句集（岩波文庫）（岩波書店・昭和10年，1935年）．
50. 同上　　　　　　　　：一茶遺稿　志多良（岩波書店・昭和12年，1937年）．
51. 相馬御風　　　　　　：一茶随筆（六芸社・昭和12年，1937年）．
52. 荻原井泉水　　　　　：おらが春・一茶文集（改造文庫）（改造社・昭和14年，1939年）．
53. 志田義秀　　　　　　：俳文学三種選（明治書院・昭和15年，1940年）．
54. 荻原井泉水　　　　　：一茶読本（日本評論社・昭和15年，1940年）．
55. 栗山理一　　　　　　：俳諧寺一茶（新文庫）（春陽社・昭和17年，1942年）．
56. 栗生純夫　　　　　　：一茶発句集（柏原村一茶屋書房・昭和17年，1942年）．
57. 伊藤正雄　　　　　　：解註一茶文集（三省堂・昭和18年，1943年）．
58. 栗生純夫　　　　　　：父の臨終記（一茶選書）（信濃郷土誌出版社・昭和21年，1946年）．
59. 同上　　　　　　　　：おらが春（一茶選書）（信濃郷土誌出版社・昭和21年，1946年）．
60. 同上　　　　　　　　：新校八番日記（一茶選書）（信濃郷土誌出版社・昭和21年，1946年）．
61. 俳諧寺一茶保存会　　：一茶百廿年忌記念集（昭和22年，1947年）．
62. 小林郊人　　　　　　：一茶名句集（信濃郷土誌出版社・昭和22年，1947年）．
63. 西山隆二　　　　　　：一茶集（星野書店・昭和23年，1948年）．
64. 荻原井泉水　　　　　：定本一茶全集（羽田書店・昭和24～25年，1949～1950年）．
65. 伊藤正雄　　　　　　：小林一茶集（日本古典全書）（朝日新聞社・昭和28年，1953年）．

66. 川島つゆ　　　　　　　：新註おらが春（明治書院・昭和29年，1954年）．
67. 丸山一彦・小林計一郎　：一茶集（古典俳文学大系15）（集英社・昭和45年，1970年）．
68. 黄色瑞華　　　　　　　：校本おらが春（成文堂・昭和50年，1975年）．
69. 尾沢喜雄　　　　　　　：文化年中句日記・八番日記（続一茶叢書）（信濃教育会出版部・昭和51年，1976年）．
70. 信濃教育会　　　　　　：一茶全集，8巻・別巻1（信濃毎日新聞社・昭和51〜55年，1976〜1980年）．

II. 複　　製

1. 一茶同好会　　　　　　：一茶遺墨鑑（一茶同好会・大正2年，1913年；改訂再版大正15年，1926年）．
2. 小林万治郎（蔵）・勝峰晋風（解説）
　　　　　　　　　　　　　：俳諧寺一茶真蹟　おらが春稿本（古今書院・大正14年，1925年）．
3. 信濃教育会（編）・勝峰晋風・小池直太郎（解説）
　　　　　　　　　　　　　：一茶叢書別篇，3冊（古今書院・大正15〜昭和3年，1926〜1928年）．
4. 荻原井泉水　　　　　　：一茶（俳人真蹟全集第10巻）（平凡社・昭和5年，1930年）．
5. 斉藤昌三　　　　　　　：一茶句稿　霞む日（雄松堂・昭和8年，1933年）．
6. 荻原井泉水　　　　　　：一茶真蹟集（巧芸社・昭和12年，1937年）．
7. 本山竹荘　　　　　　　：一茶遺作撰集（東京美術倶楽部・昭和16年，1941年）．
8. 田辺源三郎（蔵）・山崎喜好（解説）
　　　　　　　　　　　　　：一茶連句二巻福寿草（昭和28年，1953年）．
9. 和田茂樹（解説）　　　：小林一茶　寛政七年紀行（愛媛出版協会・昭和42年，1967年）．
10. 天理図書館（蔵）　　　：おらが春（集英社・昭和45年，1970年）．
11. 黄色瑞華　　　　　　　：寛政三年紀行（写真一茶シリーズ）（高文堂出版社・昭和50年，1975年）．
12. 前田利治（解説）　　　：一茶自筆　化政期俳人句録（随斎筆紀）（勉誠社・昭和51年，1976年）．
13. 宮脇昌三（解説）　　　：一茶（俳人の書画美術6）（集英社・昭和53年，1978年）．

III. 評　　釈

1. 渡辺千秋・渡辺国武　　：一茶俳句兄弟二色評（自家版・明治43年，1910年）．
2. 同上　　　　　　　　　：同（好文堂・上掲書の臼田亜浪による編集再版明治44年，1911年）

3.	渡辺千秋・渡辺国武	：一茶俳句兄弟二色評（一茶翁百年祭記念集に吉村源太郎が転載・大正15年，1926年）．
4.	川島つゆ	：一茶俳句新釈（紅玉堂・大正15年，1926年）．
5.	黒沢隆信	：一茶俳句研究（金星堂・大正15年，1926年）．
6.	同上	：俳人一茶（上掲書の改題再版）（光文館・昭和8年，1933年）．
7.	臼田亜浪	：評釈一茶の名句（最新俳句評釈叢書）（資文堂・昭和3年，1928年）．
8.	勝峰晋風	：一茶名句評釈（俳句評釈選集第3巻）（非凡閣・昭和10年，1935年）．
9.	暉峻康隆	：蕪村・一茶名句の鑑賞（古典文学叢書）（興文閣・昭和14年，1939年）．
10.	勝峰晋風	：評釈おらが春（十字屋書店・昭和16年，1941年；再版昭和24年，1949年）．
11.	同上	：芭蕉・蕪村・一茶の俳句鑑賞（俳諧基礎講座第1講）（瑞穂出版社・昭和22年，1947年）．
12.	井本農一	：芭蕉・蕪村・一茶の俳文俳句詳解（国漢詳解叢書）（山海堂・昭和28年，1953年）．
13.	川島つゆ	：おらが春新解（明治書院・昭和30年，1955年）．
14.	村田治夫	：芭蕉・蕪村・一茶名句要解（文法解明叢書）（有精堂・重版昭和31年，1956年）．
15.	清水・中村・栗山	：蕪村・一茶（日本古典鑑賞講座第22巻）（角川書店・昭和32年，1957年）．
16.	荻原井泉水	：一茶名作物語（日本名作物語）（同和春秋社・昭和32年，1957年）．
17.	暉峻康隆・川島つゆ	：蕪村集・一茶集（日本古典文学大系58）（岩波書店・昭和34年，1959年）．
18.	栗山理一・中島斌雄	：与謝蕪村集・小林一茶集（古典日本文学全集32）（筑摩書房・昭和35年，1960年）．
19.	丸山一彦	：父の終焉日記・寛政三年紀行（角川文庫）（角川書店・昭和37年，1962年）．
20.	加藤楸邨	：一茶秀句（日本秀句3）（春秋社・昭和39年，1964年）．
21.	栗山・山下・丸山・松尾	：近世俳句俳文集（日本古典文学全集42）（小学館・昭和47年，1972年）．
22.	丸山一彦	：一茶秀句選（評論社・昭和50年，1975年）．

23. 清水孝之・栗山理一 ：蕪村・一茶（鑑賞日本古典文学32）（角川書店・昭和51年, 1976年).

Ⅳ. 評　　伝

1. 西原文虎 ：一茶翁終焉記（稿本）（文政10年成, 1827年成).
2. 同上 ：同（上掲書の小池直太郎による校訂）（自家版・昭和17年, 1942年).
3. 宮沢義喜・同岩太郎 ：俳人一茶（三松堂・明治30年, 1897年）; 同書付録に正岡子規「一茶の俳句を評す」付載.
4. 束松露香 ：俳諧寺一茶（一茶同好会・明治43年, 1910年）; 明治33(1900)年4月1日より信濃毎日新聞に連載125回.
5. 黒沢隆信 ：一茶の生涯及び芸術（東亜堂・大正11年, 1922年).
6. 渡辺均 ：一茶の僻み（越山堂・大正12年, 1923年).
7. 横山青娥 ：詩人一茶（新生堂・大正15年, 1926年).
8. 同上 ：人間一茶（上掲書の改題再版, 昭和14年, 1939年).
9. 同上 ：一茶の俳句と其一生（交蘭社・昭和3年, 1928年).
10. 高津才次郎 ：俳人一茶（子供読物信濃郷土叢書）（長野郷土文化普及会・昭和4年, 1929年).
11. 藤本実也 ：一茶の研究（武蔵野書院・昭和5年, 1930年; 再版昭和18年, 1943年).
12. 同上 ：同（青葉書房・再刊昭和23年, 1948年).
13. 吉松祐一 ：人間一茶の生涯（大同館・昭和5年, 1930年; 再版昭和12年, 1937年).
14. 西谷碧落居 ：一茶の再吟味（交蘭社・昭和6年, 1931年).
15. 相馬御風 ：一茶さん（実業之日本社・昭和7年, 1932年).
16. 浦野芳雄 ：一茶論（大同館・昭和9年, 1934年).
17. 同上 ：俳人一茶（大同館・昭和9年, 1934年).
18. 志田義秀 ：一茶一代物語（物語日本文学第一期第21巻）（至文堂・昭和10年, 1935年; 再版昭和28年, 1943年).
19. 石田元季 ：あなた任せの一茶（信道会館・昭和10年, 1935年).
20. 相馬御風 ：煩悩人一茶（実業之日本社・昭和11年, 1936年).
21. 蓮沼文範 ：西行と一茶（信仰読本）（大東出版社・昭和11年, 1936年).
22. 富士川游 ：俳諧寺一茶（新選妙好人伝第1篇）（厚徳書院・昭和11年, 1936年).
23. 前沢淵月 ：一茶句話（山村書店・昭和12年, 1937年).

24. 前沢淵月　　　　　：一茶はうたふ（山村書店・昭和12年，1937年）.
25. 高倉輝　　　　　　：一茶の生涯とその芸術（ルミノ社・昭和13年，1938年）.
26. 宮田戊子　　　　　：一茶（道統社・昭和16年，1941年）.
27. 中村白民　　　　　：小林一茶（自家版・昭和16年，1941年）.
28. 前沢淵月　　　　　：一茶の面影（法学書院・昭和17年，1942年）.
29. 伊藤正雄　　　　　：小林一茶（三省堂・昭和17年，1942年）.
30. 栗生純夫　　　　　：土の俳人一茶（長野県農業会・昭和17年，1942年）.
31. 同上　　　　　　　：一茶の生涯（信濃郷土誌出版社・昭和21年，1946年）.
32. 川島つゆ　　　　　：一茶（春秋社・昭和22年，1947年）.
33. 同上　　　　　　　：一茶おじさん（小学館・昭和22年，1947年）.
34. 栗山理一　　　　　：一茶（文芸読本）（成城国文学会・昭和23年，1948年）.
35. 荻原井泉水　　　　：一茶物語（童話春秋社・昭和23年，1948年）.
36. 栗生純夫　　　　　：小林一茶伝（信州人物記・作家伝）（信濃毎日新聞社・昭和24年，1949年）.
37. 栗林一石路　　　　：小林一茶（伊藤書店・昭和24年，1949年）.
38. 横山青娥　　　　　：さすらいの詩人一茶（偉人伝文庫）（ポプラ社・昭和27年，1952年）.
39. 中山光義　　　　　：純情の詩人一茶（偉人伝文庫）（偕成社・昭和28年，1953年）.
40. 中島斌雄　　　　　：一茶ものがたり（中学生の古典文庫）（至文堂・昭和31年，1956年）.
41. 荻原井泉水　　　　：一茶物語（少年読物文庫）（同和春秋社・昭和32年，1957年）.
42. 小林計一郎　　　　：俳人一茶（人物叢書）（吉川弘文館・昭和36年，1961年）.
43. 同上　　　　　　　：写真俳人一茶（角川文庫）（角川書店・昭和39年，1964年）.
44. 丸山一彦　　　　　：小林一茶（俳句シリーズ3）（桜楓社・昭和39年，1964年）.
45. 栗山理一　　　　　：小林一茶（日本詩人選19）（筑摩書房・昭和45年，1970年）.
46. 市橋鐸　　　　　　：柏原村の弥太郎（自家版・昭和48年，1973年）.
47. 瓜生卓造　　　　　：小林一茶（角川書店・昭和54年，1979年）.

V. 研　究　書

1. 相馬御風　　　　　：一茶と良寛と芭蕉（春秋社・大正14年，1925年）.
2. 同上　　　　　　　：同（再刊昭和7年，1932年，春秋文庫；再々刊昭和26年，1951年，創元文庫）.
3. 栗生純夫　　　　　：一茶新考（西沢書店・大正15年，1926年）.

4．栗生純夫 ：一茶新考（一茶屋・再版昭和11年，1936年）．
5．川島つゆ ：一茶の種々相（春秋社・昭和3年，1928年）．
6．山口剛 ：西鶴・成美・一茶（武蔵野書院・昭和6年，1931年）．
7．荻原井泉水 ：一茶雑記（大畑書店・昭和9年，1934年）．
8．松尾明徳 ：専念寺と一茶（自家版・昭和12年，1937年）．
9．荻原井泉水 ：一茶研究（新潮文庫）（新潮社・昭和13年，1938年）．
10．同上 ：一茶春秋（育英書院・昭和13年，1938年）．
11．同上 ：一茶を尋ねて（育英書院・昭和13年，1938年）．
12．大槻憲二・宮田戊子 ：一茶の精神分析（岡倉書房・昭和13年，1938年）．
13．新井一清 ：一茶と文虎（信濃郷土史調査会・昭和17年，1942年）．
14．栗生純夫 ：一茶十哲句集（信濃郷土史調査会・昭和17年，1942年）．
15．宮城謙一 ：一茶と芭蕉（芳文堂・昭和18年，1943年）．
16．小林郊人 ：蓼太と一茶（信濃郷土誌出版社・昭和21年，1946年）．
17．富村登 ：一茶と下総（自家版・昭和22年，1947年）．
18．小林郊人 ：一茶とその前後（信濃郷土誌出版社・昭和22年，1947年）．
19．荻原井泉水 ：一茶随想（卍書林・昭和22年，1947年）．
20．日高譲 ：芭蕉と一茶（人生社・昭和26年，1951年）．
21．水原秋桜子 ：一茶とその周囲（創元社・昭和28年，1953年）．
22．黒沢隆信 ：俳人一茶とその周辺（長谷川書房・昭和29年，1954年）．
23．栗生純夫・越統太郎 ：一茶を尋ねて（写真信濃風土記1）（長野県教育委員会社会教育課・昭和30年，1955年）．
24．荻原井泉水 ：随筆一茶，全6巻（春秋社・昭和31〜32年，1956〜1957年）．
25．村山定男 ：一茶の祖先についての一考察（自家版・昭和32年，1957年）．
26．阿達義雄 ：一茶雀吟史（草茎社・昭和38年，1963年）．
27．大場俊助 ：一茶の愛と死（芦書房・昭和39年，1964年）．
28．同上 ：一茶のウィタ・セクスアリス（芦書房・昭和40年，1965年）．
29．村田昇 ：俳諧寺一茶の芸術（西日本東洋文化研究所・昭和44年，1969年）．
30．黄色瑞華 ：一茶小論（高文堂出版社・昭和45年，1970年）．
31．栗生純夫 ：一茶随筆（桜風社・昭和46年，1971年）．
32．清水哲 他 ：一茶のふるさと（信濃路・昭和47年，1972年）．
33．尾沢喜雄 ：小林一茶とその周辺（岩手大学尾沢教授退官記念事業協賛会・昭和47年，1972年）．
34．酒井真右 ：百舌ばつつけの青春－乞食首領一茶と私－（筑摩書房・昭和48年，1973年）．

35. 黄色瑞華・越統太郎・清水哲
       ：写真集柏原の一茶（高文堂出版社・昭和50年，1975年）．
36. 金子兜太   ：流れゆくものの俳諧 - 一茶から山頭火まで - （朝日ソノラマ・昭和54年，1979年）．

VI. 雑誌論文

1. 伊藤正雄   ：一茶参考書目録「小林一茶」（三省堂・昭和17年，1942年）巻末資料．
2. 尾沢喜雄   ：一茶関係文献目録 雑誌「信濃教育」（昭和27年，1952年2月号）所収．
3. 丸山一彦   ：一茶研究文献総覧 雑誌「国文学」（学燈社・昭和33年，1958年3月号）所収．

(Diese von Kazuhiko Maruyama zusammengestellte Bibliographie aus dem Ergänzungsband der IGW, S. 93-102, wurde hier vom Herausgeber übernommen; einige Titel wurden von Herrn Maruyama extra für diese Anthologie ergänzt.)

Auswahlbibliographie zur *haiku*-Dichtung

Karel Hellemans

I. Geschichte, Kultur

1. Benl, O.u. H.Hammitzsch : Japanische Geisteswelt. Vom Mythus zur Gegenwart.
   Baden-Baden : Holle 1956.

2. Hall, J.W. : Das Japanische Kaiserreich.
   Frankfurt : Fischer 1968.

3. Wirsing, G. : Japan. Wagnis und Beharrung.
   München : Pfützner 1971.

4. Krusche, D. : Japan - Konkrete Fremde.
   München : Meta 1973.

5. Erlinghagen, H. : Japan.
   Stuttgart : Deutsche Verlagsanstalt 1974.

6. Schwalbe, H. : Japan.
   München : Prestel 1974.

7. Immoos, Th. : Japan - Tempel, Gärten, Paläste.
   Köln : Dumont Schauberg 1974.

8. Hammitzsch, H. : Japan.
   Kultur der Nationen Bd. 33. Nürnberg : Glock u. Lutz 1975.

II. Literaturgeschichte

1. Hauser, O. : Die Japanische Dichtung.
   Berlin : Brandus 1905.

2. Florenz, K. : Geschichte der Japanischen Literatur.
   Leipzig : Amelangs 1906.

3. Gundert, W. : Die Japanische Literatur.
   in : Handbuch der Literaturwissenschaft (Potsdam, Athenaion)

          1929.

 4. Hammitzsch, H.   : Die Japanische Literatur.
           in : Die Literaturen der Welt (Mailand-Zürich, Kindler) 1964.

 5. Fussy, H.   : Zur Geschichte des Deutschen Haiku.
           in : Podium 35 (Baden-Bad Vöslau, G.Grasl) 1980.

III. Studien zur haiku-Dichtung

 1. Ueberschaar, H.   : Bashō und sein Tagebuch Oku no Hosomichi.
           in : MOAG 29/a (Tōkyō) 1935.

 2. Hammitzsch, H.   : Kashima-Kikō. Ein Reisetagebuch des Matsuo Bashō.
           in : Nippon II/2 (Berlin) 1936.

 3. Oehlke, W.   : Japanische Lyrik.
           in : Die Literatur 7 (Ort unbekannt) 1937.

 4. Zachert, H.   : Die Haikudichtung von der Meijizeit bis zur Gegenwart.
           in : MOAG 30/c (Tōkyō) 1937.

 5. Hammitzsch, H.   : Nozarashi-kikō. Ein Reisetagebuch des Matsuo Basho.
           in : NOAG 75 (Hamburg) 1954.

 6. ders.   : Vier Haibun des Matso Bashō : Minomushi no batsu, Bashō wo utsusu kotoba, Saimon no kotoba, Kyoroku wo okuru kotoba.
           in : Sinologica 4/2 (Basel) 1954.

 7. ders.   : Der Weg des Praktizierens (Shugyōkyō), ein Kapitel des Kyoraishō- Ein Beitrag zur Poetik des Bashō-Shule.
           in : Oriens Extremus I/2 (Wiesbaden) 1954.

 8. ders.   : Das Sarumino, eine Haikai-Sammlung der Bashō-Schule.
           in : NOAG 77/78 (Hamburg) 1955.

 9. ders.   : Wegebericht aus den Jahren U-Tatsu. Ein Reisetagebuch des Matsuo Bashō.
           in : Sino-Japonica (Leipzig, VEB Otto Harrasowitz) 1956.

 10. ders.   : Das Sarashina-kikō des Matsuo Bashō.
           in : NOAG 79/80 (Hamburg) 1956.

 11. ders.   : Das Shirosōshi, ein Kapitel aus dem Sansōshi

des Hattori Dohō. Eine Quellenschrift zur Poetik des haikai.
in: ZDMG 107/2 (Wiesbaden) 1957.

12. ders. : Das Yamanaka-Mondō des Tachibana Hokushi. Eine hairon-Schrift der Bashō-Schule.
in: Oriens Extremus VII/1 (Wiesbaden) 1960.

13. ders. : Matsuo Bashō an seine Schüler (Soō no kabe gaki, Soō-kuketsu, Angya no okite)
in: MOAG 44/3 (Tōkyō) 1963/64.

14. Dombrady, G.S. : Kobayashi Issa's Ora ga haru. Eingeleitet, übersetzt und erläutert.
in: MOAG Supplementband 23 (Tōkyō) 1959.

15. Naumann, W. : Hitorigoto. Eine Haikai-Schrift des Onitsura.
in: Studien zur Japanologie 4 (Wiesbaden) 1963.

16. Reck, M. : Masaoka Shiki und seine Haiku-Dichtung.
München: Salzer 1968.

17. Brüll, L. : „Sein" und „Nichts": zwei kunsttheoretische Begriffe aus der Welt des japanischen Kurzgedichtes.
in: Poetica II (München) 1968.

18. Stummer, J.V. : Das Haiku.
in: Vers, Reim, Strophe, Gedichte (München, Otto) 1968.

19. Fussy, H. : Die neuere deutsche Lyrik und Ostasien.
Graz: Diss. unveröffentl. 1974.

Anm.: Mitteilungen und Nachrichten der Deutschen Gesellschaft für Natur- und Völkerkunde Ostasiens, Tōkyō = MOAG; Dieselbe, Hamburg = NOAG; Zeitschrift der Deutschen Morgenländischen Gesellschaft = ZDMG.

IV. Anthologien

1. Kurth, K. : Japanische Lyrik aus vierzehn Jahrhunderten.
München: Piper 1909.

2. Bethge, H. : Japanischer Frühling.
Leipzig: Insel 1919.

3. Rottauscher, A. von : Ihr gelben Chrysanthemen.
Wien: Scheuermann 1939.

4. Ulenbrook, J. : Haiku. Japanische Dreizeiler.

Wiesbaden : Insel 1940.

5. Lüth, P. : Frühling, Schwerter, Frauen.
Berlin : P. Neff 1942.

6. Helwig, W. : Wortblätter im Winde. Deutsche Nachdichtungen japanischer Texte.
Hamburg : Coverts 1945.

7. Hausmann, M. : Liebe, Tod und Vollmondnächte.
Frankfurt : Fischer 1951.

8. Gundert, W. : Lyrik des Ostens.
München : Hanser 1952.

9. Debon, G. : Im Schnee die Fähre.
München : Piper 1955.

10. Coudenhove-Kalergie, G. : Vollmond und Zikadenklänge.
Gütersloh : Bertelsmann 1959.

11. ders. : Senryu.
Zürich : Die Waage 1966.

12. Jahn, E. : Fallende Blüten.
Zürich : Die Arche 1968.

13. Coudenhove-Kalergie, G. : Japanische Jahreszeiten.
Zürich : Manesse 1969.

14. Krusche, D. : Haiku.
Tübingen : Erdmann 1970.

15. Berndt, J. : Rotes Laub.
Leipzig : Insel 1972.

16. Helwig, W. : Klänge und Schatten.
Hamburg : Claassen 1972.

17. Hassmann-Rohland, E. : Tanka und Haiku.
Hannover : Grüter 1974.

18. Sakanishi, H.u. H.Fussy, K.Kubota, H.Yamakage
: Anthologie der Deutschen Haiku.
Sapporo : Dairyman 1979.

19. Jonas-Lichtenwallner, J. : Haiku.
Wien : Augartenverlag 1980.

20. Kurz, C.H. : Hoch schwebt im Laufe. Haiku-Reihe 1.
Unter dem Saumpfad. Haiku-Reihe 2.
Hann. Münden : Gauke 1980.

V. Deutsche haiku-Sammlungen

1. Kleinschmidt, K. : Der schmale Weg. 200 dreizeilige Gedichte. Haikus.
   Linz : Kulturamt der Stadt 1953.

2. ders. : Tau auf Gräsern. Dreizeilige Gedichte Haiku.
   Wien, Innsbruck, Wiebaden : Rohrer 1960.

3. Bodmershof, I. von : Haiku.
   München : Langen Müller 1962.

4. Ritter, L. : Elsasseschi Haiku.
   Freiburg i. Br. : (Selbstverlag) 1965.

5. Furstenburg, H. : Anders wird die Welt mit jedem Schritt.
   Möln : Die Waldhütte 1967.

6. Jappe, H. : Haiku.
   Berlin : Post 1968.

7. Bodmershof, I. von : Sonnenuhr.
   Salzburg : Stifterbibliothek 1970.

8. Joest, W. : Papierschwalben.
   Laufen : (Selbstverlag) 1974.

9. Klinge, G. : Wiesen im Herbstwind.
   Nagoya : Baifūsha 1973.

10. ders. : Rehe in der Nacht.
    Tōkyō : Kadokawa shoten 1975.

11. Groißmeier, M. : Unter den Chrysanthemenmond.
    Dachau : Bayerland 1975.

12. Junghans, M. : Lampion am Brückenbogen.
    Köln : Ilenberg 1975.

13. Joest, W. : Teeblätter.
    Laufen : (Selbstverlag) 1976.

14. Appel u. Dichler : Die Erde küsst' ich.
    Wien : Augartenverlag 1976.

15. Groißmeier, M. : Schmettelingsharfen und Laubgelispel.
    München : Relief 1977.

16. Hassmann-Rohland, E. : Schritte durch das Jahr.
    Hannover : Grüter 1977.

17. Lachmann, I. : Traunsee.

St. Georgen an der Gusen: St. Georgpresse 1977.

18. Lorek, C. : Die Glieder einer Kette.
Baden-Baden: Schwarz 1977.

19. Klinge, G. : Den Regen lieben.
Tōkyō: Kadokawa Shoten 1978.

20. Koc, R.J. : Haiku von Traunsee.
Wien: (Selbsverlag) 1979.

21. ders. : Was das Land der Kirschblüte nicht lehrte.
Wien: (Selbstverlag) 1979.

22. Groißmeier, M. : Mit Schneemannsaugen.
St. Michael: J.G.Bläschke Verlag 1980.

23. Groißmeier, M. : Haiku
Pfullingen: Günther Neske 1982.

(Hier wurden nur deutschsprachige Bücher und Monographien aufgenommen und chronologisch aufgestellt. Die von Karel Hellemans getroffene Auswahl wurde vom Herausgeber ergänzt.)

Issa und die Shinano Mainichi Shimbun

Ichiju Mochizuki*

Die Shinano Mainichi Shimbun wurde am 5. Juli 1873 gegründet, besteht also seit 108 Jahren und zählt zu den ältesten Zeitungen Japans. Sie hat in den Städten Nagano und Matsumoto Zentralen und Druckereien und bringt als Hauptzeitung der Präfektur Nagano 370 000 Exemplare heraus. Seit der Gründung ist es für die Shinano Mainichi Shimbun ein Anliegen, die Geschichte des neuzeitlichen Japans und der Präfektur Nagano darzustellen. Sie wollte und will immer Pressefreiheit und Unparteilichkeit aufrechterhalten. Besonders ist es in der Geschichte der japanischen Zeitung hochzuschätzen, daß im Jahre 1933 der Chefredakteur der Shinano Mainichi Shimbun, Kiryū Yūyū (1873-1941), den Artikel „Das großangelegte Luftschutzmanöver in der Kantō-Gegend ist zum Lachen" veröffentlichte und das Militär kritisierte. So hat die Shinano Mainichi Shimbun die Pressefreiheit durchgesetzt.

Bald nach dem Zweiten Weltkrieg beschäftigte sie sich mit der Modernisierung der Maschinenanlage und steht an der Spitze in Hinblick auf die technische Reform der Zeitungsproduktion. Vor allem war sie im Jahre 1979 erfolgreich in der Entwicklung des neuen Produktionssystems (Kosmos), das Computer und vollautomatisierte Fotosatzmaschinen einsetzt. Dieses beispiellose Verfahren zog die allgemeine Aufmerksamkeit der Pressewelt auf sich und wurde mit dem Preis des Japanischen Pressevereins gekrönt, dem alle Nachrichteneinrichtungen wie Zeitung, Rundfunk usw. in ganz Japan angehören.

Die Beziehung zwischen der Shinano Mainichi Shimbun und dem Heimatdichter

Issa geht bis zum Jahr 1900 zurück. In diesem Jahr wurde die Serie „Haikaiji Issa" von April bis September in 125 Teilen fortlaufend veröffentlicht. Diese Issa-Biographie war epochemachend als erste richtige Issa-Forschung und machte Issa zum erstenmal im ganzen Land berühmt. Der Verfasser dieser Lebensbeschreibung, Tsukamatsu Rokō (1865–1918), war Feuilletonist der Shinano Mainichi Shimbun und widmete sich lange Jahre der Issa-Forschung und -Verbreitung, indem er selbst Issa-Freunde (Issa dōkōkai) organisierte und das „Shichiban nikki" (Siebtes Tagebuch, 1910) und den „Issa Ibokukan" (Issa-Handschriftennachlaß, 1913) herausgab. Auch er war es, der das „Chichi no shūen nikki" (Tagebuch beim Tode des Vaters) ausgrub und ihm den Titel gab. Daß er während der Serienveröffentlichung von „Haikaiji Issa" neben die Überschrift das *haiku* des mageren Frosches „Yasegaeru makeruna Issa kore ni ari"(s.S. 96 u. 97) stellte, zeugt von seinem Stolz, vom Stolz eines lokalen Journalisten im damaligen Japan, das auf dem Weg der Zentralisierung war, und von seiner Achtung vor dem *haiku*-Dichter der Heimat.

Auch nachher war die Shinano Mainichi Shimbun bemüht, den aus dem Shinano-Gebiet hervorgegangenen großen Meister Issa zu studieren und bekannter zu machen durch Abhandlungen und Essays über Issa im Feuilleton oder durch Berichte über die Issa-*ki* (Issa-Todestagsfeier), die jedes Jahr an seinem Geburtsort Kashiwabara stattfindet.

Und im Jahr 1976, also 150 Jahre nach seinem Tode, machte sich die Shinano Mainichi Shimbun an die Herausgabe von „Issa Zenshū" (Die Gesammelten Werke von Issa, 9 Bde.) unter Zusammenarbeit mit der *Shinano Kyōikukai* (Gesellschaft für Erziehung von Shinano) und unter Benutzung der bisherigen Forschungsergebnisse. Diese Gesamtausgabe umfaßt nicht nur die sämtlichen Werke Issas, sondern auch zahlreiche damit zusammenhängende Materialien und wird von allen Seiten als authentischer Text sehr hoch geschätzt. Als sie im Jahr 1980 abgeschlossen wurde, wurde sie mit dem Preis des Kultusministers und mit dem Mainichi-Verlagskultur-Preis (Sonderpreis) doppelt geehrt.

* (Übersetzung im Auftrag von der Shinano Mainichi Shimbun)

Das letzte Wohnhaus von Issa in Shinano-machi Kashiwabara.
Aufnahme: Shinano Mainichi Shimbun, 1958.

Die Hauptstraße in Shinano-machi Kashiwabara heute.
Aufnahme: Shinano Mainichi Shimbun, 1981.

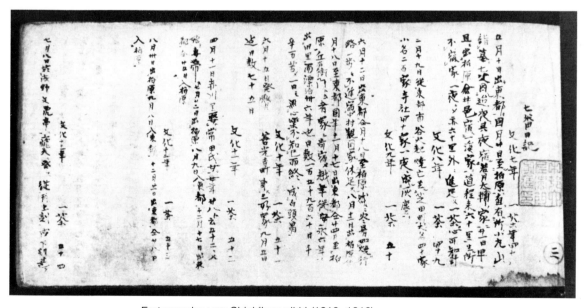

Erstausgabe von Shichiban nikki (1810–1818)
Hg.: Issa-Freunde (*Issa dōkōkai*) unter Leitung von Tsukamatsu Rokō (siehe: Kleine Issa-Bibliothek für Japanologen)
Im Besitz der Shinano Mainichi Shimbun.

Mitarbeiterverzeichnis

Dichter

Vereinigten Staaten von Amerika

        Pracht-Fitzell, Ilse   (Jamesburg)

Deutschland (BRD)

Bellmann, Johann Diedrich	(Hermannsburg)
Cesaro, Ingo	(Kronach)
Christoff, Charlotte	(Ockenheim)
Coryllis, Peter	(Dülmen)
Fitteler, Elmar	(Stegen)
Geisler, Peter	(Idar-Oberstein)
Gorenflo, Gisela	(Stuttgart)
Groißmeier, Michael	(Dachau)
Grunsky, Ingrid und Hans	(Berg-Sibichhausen)
Gödtel, Reiner	(Kusel)
Harms, Annemarie	(Itzehoe)
Hassmann-Rohland, Ellen	(Hannover)
Hülsmann, Harald K.	(Düsseldorf)
Heiseler-Rességuier, Gertrud von	(Brannenburg)
Kurz, Carl Heinz	(Bovenden)
Lindner, Barbara	(Hamburg)
Lüth, Paul	(Knw.-Rengshausen)
Michel, Gerhild	(Heidelberg)
Schmid-Neuhaus, Hella	(Witten-Bommern)
Rohde, Friedrich	(Wesel)
Stähler, Hans Peter	(Idar-Oberstein)
Stilett, Hans	(Bonn)
Sommerkamp, Sabine	(Hamburg)

	Thoma, Kathleen	(Dülmen)
	Uhlmann, Joachim	(Berlin)
(DDR)	Fiedler, Frank	(Leipzig)
Japan	Fujioka, Chikuson	(Matsumoto)
Österreich	Binder, Theo	(Wien)
	David, Ernst	(Wien)
	Jonas-Lichtenwallner, Johanna	(Wien)
	Kleinschmidt, Karl	(Pregarten Reichenstein)
	Koc, Robert Josepf	(Wien)
	Köllersberger, Susanne	(Eiferding)
	Lachmann, Isolde	(Linz)
	Lang, Emmerich	(Wullersdorf)
	Wiesinger, Karl L.	(Wiener Neustadt)
Schweiz	Bucher, Bettina	(Basel)
	Jaeckle, Erwin	(Zürich)
	Mossdorf, Eugenie	(Luzern)
	Weinhold, Edgar	(Genf)
	Immoos, Thomas	(Tōkyō)
Malerin		
Japan	Yanagisawa, Kyōko	(Nagano)
Schriftsteller		
Japan	Minakami, Tsutomu	(Tōkyō)
Wissenschaftler		
Belgien	Hellemans, Karel	(Löwen)
Deutschland (BRD)	Albers, Liboria	(Sapporo)
	Blesch, Rainer	(Sapporo)

	Hammitzsch, Horst	(Ennigerloh)
Japan	Maruyama, Kazuhiko	(Utsunomiya)
	Miyawaki, Shōzō	(Komagane)
	Mochizuki, Ichiju	(Hotaka)
	Okamoto, Takao	(Maebashi)
	Sakanishi, Hachirō	(Sapporo)
	Satō, Shūko	(Sapporo)
Schweiz	Immoos, Thomas (sieh. Dichterteil)	(Tōkyō)

Komitee für die Herausgabe dieser Anthologie (Vorstand: Hachirō Sakanishi)

Japan

Ichida, Yoshie	(Sapporo)
Ide, Ichitarō	(Usuda)
Iida, Terue	(Matsumoto)
Ishida, Jiichirō	(Nagano)
Kobayashi, Kazuyoshi	(Nagano)
Kobayashi, Kunio	(Nagano)
Kubota, Teruo	(Nagano)
Kurata, Tsuyoshi	(Nagano)
Kuwazawa, Sadayoshi	(Sapporo)
Magishi, Takeshi	(Nagano)
Maruyama, Eiki	(Nagano)
Matsuzawa, Kazuo	(Nagano)
Moriya, Kōichi	(Nagano)
Ōta, Toshiharu	(Matsumoto)
Suzuki, Kenji	(Nagano)
Takizawa, Nobuhiro	(Nagano)
Takizawa, Yoshikazu	(Nagano)

Teramura, Taiichi (Matsumoto)
Toki, Manabu (Matsumoto)
Tsukada, Tasuku (Nagano)
Yamaura, Tatsurō (Sapporo)
Yokouchi, Yūichirō (Matsumoto)
Yoshida, Katsuyuki (Nagano)

Förderungsgesellschaften

Japan   Haiku-Gesellschaft der Nagano-Präfektur
Präsident: Tōyō Nomura (Nagano)
Verwaltungsdirektor: Chikuson Fujioka (Matsumoto)

Verein für Haikaiji-Issa-Pflege
Präsident: Kazuo Kobayashi
(Shinano-machi Kashiwabara)
Verwaltungsdirektor: Satoshi Shimizu
(Shinano-machi Kashiwabara)

Gesellschaft zur Förderung der Germanistik Tokyo
Vorsitzender: Masami Tobari (Tōkyō)
Sitz und Büro: Ikubundo Verlag (Direktor: Toshio Ōi)
(Tōkyō)

Deutschland (BRD)   Bundesverband Deutscher Schriftsteller-Ärzte e.V.
Präsident: Michael Soeder (Schmallenberg)
Schatzmeister: Gerhard Vescovi (Bad Mergentheim)

Nachwort des Herausgebers

Hachirō Sakanishi

„Mehr als dreißig Passagiere haben nun ein Schiff bestiegen, das zeit- und kompasslos seine Reise antreten wird - eine Reise in eine Welt schöpferischer Freude!?" - Es war im Jahre 1979, im Herbst, als wir gemeinsam auf die große Reise in unser Land Utopia gingen. Weit liegt der Hafen, in dem wir den Anker lichteten, nun schon zurück, aber die Reise ging weiter.

Und während der Reise - es ist schön, sich daran zu erinnern - stiegen zu den ursprünglichen Passagieren immer wieder neue Mitfahrer zu, so daß sich die Zahl der Reisenden schließlich verdoppelte. Unter ihnen waren Wissenschaftler, Dichter, Künstler und glücklicherweise auch großzügige Mäzene, und sie alle fanden sich zu einem vertraut-gemeinsamen Wirken zusammen, so daß der Weg in unser Land Utopia immer deutlicher sich abzeichnete, der Hafen des von uns gesuchten Zieles schließlich erreicht werden konnte.

Unser utopisches Reiseziel, der Hafen, den wir suchten, war eine Issa-Anthologie besonderer Art. Sie liegt nun vor uns; sie wurde zum Ankerplatz unserer schöpferischen Freude, unseres Ein- und Mitfühlens.

Doch dieser Hafen soll nicht nur unser Hafen sein. Wir hoffen, daß auch andere, solche, die dem hektischen Lebensablauf der Gegenwart entfliehen wollen, hier einen Ort zum nachdenkenden Verweilen finden und in der Anthologie einen Issa, dem das Miteinander aller Geschöpfe zum Sinn des Lebens wurde.

Am Ende unserer Utopiefahrt sollte eine Anthologie entstehen, die, wie die

Komposition des Bandes zeigt, einen eigenen Charakter aufzeigt. Betrachten wir den Hauptteil „48 *haiku* und Bilder". Hier finden wir auf der rechten Seite des Bandes jeweils eine Übersetzung des Originalhaikus und drei Nachschöpfungen untereinandergereiht. Aus dem Untereinander der vier Fassungen und dem Hereinklingen der Bildaussage auf der linken Seite sollte sich ein harmonisches Miteinander ergeben, bei dem - wie bei einem Quintett - Grundmelodie und Variationen zusammenklingen. Die schöpferische Freude am Mitgestalten war für uns alle das verbindende Element gemeinschaftlichen Zusammenwirkens.

Zusammen mit den Übersetzungen von Herrn Horst Hammitzsch spielt ein jedes der drei Gedichte seine ihm eigene und doch zugleich die Grundmelodie aufnehmende Rolle. Der Herausgeber hat aus den über 700 Fassungen der ihm zugegangenen Gedichte 143 Fassungen ausgewählt; er trägt also für die Auswahl die Verantwortung. Die Beiträge wurden nur unter dem Aspekt ihrer Einfügung in das Gesamtkonzept ausgewählt. Die drei Gedichte, die im Text unter dem Stern stehen, folgen in ihrer Reihung einer bestimmten Abfolge. An erster Stelle steht jeweils das der originalen Aussage am nächsten kommende, danach folgen die weniger wortgebundenen, freieren in der Aussage. Die Reihung folgt den von Herrn Horst Hammitzsch gegebenen Vorschlägen.

Unter den im Text angegebenen zwei Sternen folgt dann eine freie Nachdichtung, die von dem Thema des Issa-*haiku* angeregt, dieses in einer Variation aufgreift. Schlagen wir, um ein Beispiel zu geben, Seite 105 des Bandes auf, dann finden wir als vierte Fassung einen Dreizeiler von Herrn Peter Coryllis (PC). Diese Nachdichtung von Herrn Peter Coryllis, einem streitbaren Humanisten, erfaßt aus einer anderen Sicht die Welt des Issa. Ähnliche Beispiele finden sich überall in dieser Anthologie, deren Aufgabe es ja sein sollte, durch die *haiku* von Issa eine Grundmelodie anklingen zu lassen und ihr durch selbstschöpferische Gegenstimmen eine harmonische Abrundung aufgrund der verschiedentlichsten dichterischen Konzeptionen zu geben. Ob dieser von dem Herausgeber geplante und unternommene Versuch, einen solchen Gang durch die Landschaft des Kurzgedichtes zu wagen, gelungen ist und wie er zuerst in den deutschsprachigen Ländern, und dann in ganz Europa, und darüberhinaus auch in Amerika und Afrika aufgenommen werden wird, bleibt zunächst noch eine Frage.

Das westliche Denken neigt - nach der Meinung des Herausgebers, dazu, den Gegenstand zu analysieren und Unterschiede herausarbeiten ; das japanische Denken hingegen strebt nach einer Synthese, sucht die Einheit des an sich Verschiedenen. Die vorliegende Anthologie, deren Grundakkord zwar die Dichtung des Issa ist, könnte aber durch die Mitarbeit der deutschen Dichter ein Zusammenfließen beider Denkformen anklingen lassen : Ost-West-Synthese.

Vorworte und Essays von drei Wissenschaftlern und einem anerkannten *haijin* stellten in prägnanter Form den Dichter Issa und sein Werk vor. Als Anhang werden zwei Bibliographien gegeben, eine die sich mit Issa und seinem Werk befaßt, und eine, welche die in deutscher Sprache verfaßten Arbeiten zur *haiku*-Dichtung anführt. Über die Rolle, welche die Shinano Mainichi Shimbum im Rahmen der Issa-Forschung spielt, wurde andeutend berichtet. Der Band versucht, die Welt des Issa in deutscher Sprache zu vergegenständlichen.

Im Geiste von Issa wird die Anthologie „Leidenden Mitmenschen" gewidmet. Alle Mitarbeiter haben selbstlos ihre Beiträge geschrieben und haben den Wunsch, die mögliche Ernte des Bandes im Sinne des Herausgebers Kindern, die an unheilbaren Krankheiten leiden, zukommen zu lassen. Der vormalige Vorstand des Umweltschutzkomitees (*Ryokka Iinkai Iinchō*), Herrn Toshiharu Ōta, in der Stadt Matsumoto, ist gebeten worden, die notwendigen Maßnahmen dafür zu treffen.

Sapporo, im Mai 1981

Besonderer Dank gilt der „Gesellschaft zur Förderung der Germanistik Tokyo" (s.S. 156) für ihre Unterstützung im Rahmen des 13. Förderungsprogramms der Gesellschaft.
本書はドイツ語学文学振興会より第13回刊行助成（昭和56年度）を受けたものである。
Im Dezember 1981   Herausgeber

Neu im Ostasien-Verlag

Reihe „Literatur aus Japan"

1. **Kōbō Abe: Freunde.** Eine schwarze Komödie.
   Aus dem Japanischen von Siegfried Schaarschmidt.
   119 S.   ISBN 3-89036-301-6

2. **Ein Brief aus der Wüste.** Prosa und Lyrik zeitgenössischer japanischer Autoren.
   Herausgegeben und aus dem Original übersetzt von Siegfried Schaarschmidt.
   120 S.   ISBN 3-89036-302-4

Praktischer Führer für Touristen und in Tokyo wohnende Ausländer

Tokyo. Tips für Anfänger.
Von Jutta Cantzler. Überarbeitet von Adelheid Fischer.
Eine Veröffentlichung der Deutschen Gesellschaft für Natur- und Völkerkunde Ostasiens (OAG), Tokyo.
278 S.   ISBN 3-89036-050-5

Sprachlehrwerke und Lexika

Japanisch. Grundstufe 1.
Von Wolfgang Hadamitzky und Kimiko Winter.
ca. 200 S.   ISBN 3-89036-021-1
Mit 3 Tonbandkassetten.

Kanji & Kana. Deutscher Wortindex zu den ca. 13 000 mit Kanji geschriebenen Begriffen in Langenscheidts Lehrbuch und Lexikon der japanischen Schrift „Kanji & Kana" von W. Hadamitzky.
141 S.   ISBN 3-89036-004-1

Japanese Character Dictionary
By Wolfgang Hadamitzky and Mark Spahn.
ca. 1000 S.   ISBN 3-89036-060-2
(Erscheint voraussichtlich Herbst 1985)